CES ENFANTS QUI NOUS PROVOQUENT

Collection dirigée par Jacques Arènes

Nicole FABRE

CES ENFANTS QUI NOUS PROVOQUENT

Éditions FLEURUS

Du même auteur
ouvrages concernant les enfants et les éducateurs

Le triangle brisé, Payot, 1973 (traduit en italien).
Le signe de la baleine, Cerf, 1981.
L'Enfant et le rêve-éveillé, ESF, 1982.
Des cailloux plein la bouche, Fleurus, 1986.
S'il te plaît, écoute-moi cinq minutes, Mame, 1989 (traduit en italien).
Le Dieu des enfants, Desclée de Brouwer, 1991.
Chronique des oreilles qui traînent, Albin Michel, 1995 (traduit en italien).

Dessins de *Charles Villoutreix*

ISBN : 2-215-042-02-8

ENVOI

Psychanalyste, thérapeute d'enfants, je suis confrontée quotidiennement à ces enfants difficiles qui rendent la vie dure à leurs proches et qui trouvent que la plupart de leurs proches leur font, à eux, une vie difficile.

Lorsque je prends contact avec eux et que s'inaugure à la demande de leurs parents une histoire qui va devenir la nôtre – celle de leur psychothérapie – je me présente toujours comme « la dame des ennuis », « la dame pour les ennuis ». Et nous nous comprenons fort bien : leurs ennuis, ils sont souvent capables de les dire, sans toujours en comprendre l'origine. C'est au cœur de notre relation que peu à peu quelque chose en eux se clarifiera. Mais aussi et surtout, que quelque chose changera. Pour cela il faudra du temps, beaucoup de temps parfois, un temps pendant lequel leurs parents, leurs éducateurs, leurs proches continueront de chercher une voie, espéreront, échoueront. Un temps où je me sens solidaire à la fois de cet enfant souffrant et de ceux qu'il met mal à l'aise, de cet enfant difficile et de ceux pour qui il est une difficulté vivante.

Ce livre, j'aimerais qu'il puisse aider les éducateurs dont je partage le souci, l'intérêt, les désarrois. Je pense souvent que ma tâche est plus aisée que la leur, même si à sa façon elle demande une longue patience et si son déroulement s'accomplit dans la nuit. De plus elle ne saurait s'accomplir, cette tâche, si hors de mon bureau l'enfant n'avait des répondants qui disent la loi, balisent la route, manifestent l'amour, apportent des savoirs.

Analyser, éduquer, des fonctions que Freud désignait comme également impossibles et que depuis, dans sa foulée, tant d'auteurs ont continué de déclarer impossibles tout en cherchant à les assumer. Tâches qui ne sauraient être accomplies pour un même enfant par un seul et même partenaire. Tâches dont le double souci peut du moins cohabiter chez l'analyste ou chez l'éducateur. J'entrerai donc dans la classe ou dans la salle de jeu avec mon savoir de psychothérapeute. Mais c'est à mon ancienne expérience auprès de groupes d'enfants que je me référerai aussi, cette expérience qui me permet de dire « nous » quand j'évoque le vécu de chacun de ces éducateurs mis en difficulté par l'enfant difficile.

CHAPITRE I

QUI SONT-ILS ?

« Un jour, Sophie pensa qu'il était bon de laver les poupées, puisqu'on lavait les enfants ; elle prit de l'eau, une éponge, du savon, et se mit à débarbouiller sa poupée ; elle la débarbouilla si bien, qu'elle lui enleva toutes ses couleurs : les joues et les lèvres devinrent pâles comme si elle était malade, et restèrent toujours sans couleur. Sophie pleura, mais la poupée resta pâle.

Un autre jour, Sophie pensa qu'il fallait lui friser les cheveux ; elle lui mit donc des papillotes : elle les passa au fer chaud, pour que les cheveux fussent mieux frisés. Quand elle lui ôta ses papillotes, les cheveux restèrent dedans ; le fer était trop chaud, Sophie avait brûlé les cheveux de sa poupée, qui était chauve. Sophie pleura, mais la poupée resta chauve.

Un autre jour encore, Sophie, qui s'occupait beaucoup de l'éducation de sa poupée, voulut lui apprendre à faire des tours de force. Elle la suspendit par les bras à une ficelle ; la poupée, qui ne tenait pas bien, tomba et se cassa un bras. La maman essaya de la raccommoder ; mais, comme il manquait des morceaux, il fallut chauffer beaucoup la cire, et le bras resta plus court que l'autre. Sophie pleura, mais le bras resta plus court.

Une autre fois, Sophie songea qu'un bain de pieds serait très utile à sa poupée, puisque les grandes personnes en prenaient. Elle versa de l'eau bouillante dans un petit seau, y plongea les pieds de la poupée, et, quand elle la retira, les pieds s'étaient fondus, et étaient dans le seau. Sophie pleura, mais la poupée resta sans jambes.

Depuis tous ces malheurs, Sophie n'aimait plus sa poupée, qui était devenue affreuse, et dont ses amies se moquaient ; enfin, un dernier jour, Sophie voulut lui apprendre à grimper aux arbres ; elle la fit monter sur une branche, la fit asseoir ; mais la poupée, qui ne tenait pas bien, tomba : sa tête frappa contre des pierres et se cassa en cent morceaux. Sophie ne pleura pas, mais elle invita ses amies à venir enterrer sa poupée[1]. »

La comtesse de Ségur, *Les malheurs de Sophie.*

1. Toutes les références bibliographiques se trouvent à la fin de l'ouvrage.

« Et moi et moi et moi, qui c'est qui m'aime ? »

Qui de nous, éducateurs, enseignants, animateurs, n'a eu « son enfant terrible », son « fauve », son « impossible » enfant ? Celui qui, avec tant d'art, tantôt conscient tantôt inconscient, fait rater une séance, une leçon, un jeu ou une activité pourtant bien préparés, provoque un fou rire incoercible, cause un énervement communicatif à tout son groupe, renverse les chaises, tache le dessin d'un camarade, détruit sitôt qu'il l'a terminée une peinture dans laquelle il semblait avoir mis tout son cœur, ou oppose une attitude de refus passif à tout effort de relation ? Celui qui éclate de rire au moment où nous avions cru l'atteindre, qui, en récréation, invente des jeux cruels ou qui demeure taciturne, isolé, jusqu'au moment toujours imprévisible où colère, rancune, violence se déchaînent ?

Qui de nous ne s'est découragé devant cet enfant-là ? Qui de nous n'a été tenté de penser, à un moment ou à un autre que, décidément, on serait tellement mieux s'il n'était pas là, et que, somme toute, il semble bien que nous ne lui apportons rien. De là à songer à le « larguer », il n'y a parfois qu'un pas. Aujourd'hui, on le met à la porte. Demain on le menacera de renvoi s'il recommence, « au moins pour une ou deux fois »... Et après ?

Parfois encore, l'adulte supporte vaillamment mais avec désespoir cet enfant, se demandant s'il ne serait pas meilleur pour lui, meilleur pour tous, que celui-ci aille dans un « lieu spécialisé », regrettant que cela ne soit pas possible, et ne sachant trop que faire...

Certes, il est des cas où tel enfant profondément perturbé profitera mieux d'une activité de courte durée et d'un groupe adapté à sa faible capacité d'attention ; où tel autre sera plus à l'aise s'il sent que l'on s'occupe exclusivement de lui pour un moment, si l'on tient compte de certains problèmes qui lui sont propres, et qu'il porte avec peine. Ne nous hâtons pas cependant d'écarter du groupe ces enfants qui nous paraissent impossibles ! S'ils ne perturbent pas tous les groupes dans lesquels ils semblent capables de réussite et d'adaptation, alors il nous faut inventer comment nous adapter à eux pour qu'ils s'adaptent à nous, et à ce pour quoi nous les avons en charge.

Nous allons donc chercher à reconnaître ces enfants, afin de mieux comprendre ce qui se passe en eux lorsqu'ils se montrent si difficiles, et désarçonnent leurs éducateurs. Puis nous nous attacherons à analyser ce qui est sous-jacent à leur attitude afin d'entrer dans leur monde pour que, peut-être, ils aient accès à celui que nous leur proposons et qu'ensemble nous construisions le « nôtre ».

Ce projet est clair. Je sais pourtant qu'à aucun moment il ne sera tout entier réalisé, que toujours des zones d'ombre demeureront, une béance, un vide. Je sais aussi que je n'aborderai pas ici tous les cas d'enfants difficiles, hélas nombreux, auxquels il faudrait consacrer des études bien spécifiques. Je pense notamment à ces marginaux issus de familles ou de groupes sociaux eux-mêmes en marge de la société, aux mal logés, aux non logés, aux grands malades, aux malades mentaux, à ceux qui vivent un handicap lourd.

Mais à travers ceux-là que je connais et qui nous provoquent, ce à quoi je m'attache ici, c'est à la quête d'une relation plus authentique, d'une approche plus vraie et plus féconde pour chacun ; une quête à laquelle je désire apporter ma contribution que je sais limitée.

Et d'abord qui sont-ils ? Aucun enfant n'est semblable à un autre. Aucun enfant difficile ne l'est de la même manière que son camarade. Et pourtant, il est des types d'enfants, des modes de comportement voisins, des attitudes proches. Nous n'allons pourtant pas établir une fiche par type d'enfants difficiles, ou par style de comportement. Pas davantage classer les difficultés. Moins encore faire une description scientifique grâce à laquelle l'enseignant, l'éducateur sauraient faire un diagnostic concernant l'enfant difficile qui leur est échu.

Le diagnostic en effet est ardu. Bien plus, en admettant qu'il soit juste, ce qui est improbable, il ne servirait en rien l'enseignement, les activités ludiques ou la catéchèse. Il ne s'agit pas en effet ici de soigner l'enfant, mais de nous adapter de notre mieux, dans les conditions de notre rôle, à ce qu'il est, c'est-à-dire à ce dont il a besoin sans le savoir.

Les pages qui suivent ont donc pour unique objet de nous sensibiliser au comportement de tel ou tel enfant, et à ce qui sous-tend ses attitudes : approcher Clara, Gaëlle ou Jérémie, nous retrouver près de Lucas ou Caroline qui sont actuellement notre vivant problème ; nous retrouver près d'eux et pourtant déjà distancés. Ainsi sentirons-nous mieux que cet enfant qui perturbe tout a de multiples frères, et que tous nous lancent un appel afin que nous les comprenions mieux, sachions les découvrir et les aider.

A ces réflexions j'ajouterai quelques illustrations que leur typographie, différente, signale. Je les emprunterai à des auteurs anciens, peu connus ou classiques.
Sophie qui faisait tant de bêtises et avait tant de malheurs, David Copperfield le rejeté, la triste héroïne de Marie Brantôme, le sagouin de Mauriac, tous si mal aimés et dès lors souvent mal aimants. D'autres encore : désespérés, désespérants.

Un cercle magique se boucle. Où commence le désespoir de l'enfant ? Et celui de l'éducateur ? Qui désespère de qui et pourquoi ? Et comment ?

Quelques auteurs parlent aussi de leur enfance difficile, la décrivent : Jean-Paul Sartre, Françoise Dolto. A l'évidence, les enfants difficiles et les éducateurs difficiles ne datent pas d'aujourd'hui.

D'autres textes figurent aussi au long de mes développements. Ils sont extraits d'ouvrages écrits par des psychanalystes ou des éducateurs dont je partage les interrogations, les hypothèses, les avancées théoriques. Ils nous aideront à comprendre.

Et puis il y a ces phrases d'enfants qui parsèment le texte, elles aussi mises en évidence par une typographie qui leur est propre, comme autant de coups de projecteur éclairant un visage, un regard, une expression, dans leur fulgurance. Laissons-nous habiter par ce qu'elles révèlent de l'enfant, par la question que ces enfants nous lancent, par l'exigence qu'ils créent en nous, par le rêve qu'ils éveillent. Laissons-nous prendre par la main et suivons-les là où ils nous conduisent.

Ou encore, asseyons-nous auprès d'eux. Oublions nos agacements passagers, nos désespoirs passés, et regardons ces enfants impossibles qui, peut-être, ne le sont point.

« On voulut m'enfermer, mais j'avais trouvé moyen d'ouvrir toutes les barrières avec mes dents ; si c'était un loquet, je le levais ; si c'était un bouton, je le tournais ; si c'était un verrou, je le poussais. J'entrais partout, je sortais de partout. Le fermier jurait, grondait, me battait : il devenait méchant pour moi, et moi, je l'étais de plus en plus pour lui. Je me sentais malheureux par ma faute ; je comparais ma vie misérable avec celle que je menais autrefois chez ces mêmes maîtres ; mais au lieu de me corriger, je devenais de plus en plus entêté et méchant. Un jour, j'entrai dans le potager, je mangeai toute la salade ; un autre jour, je jetai par terre son petit garçon, qui m'avait dénoncé ; une autre fois, je bus un baquet de crème qu'on avait mis dehors pour battre du beurre. J'écrasais leurs poulets, leurs petits dindons, je mordais leurs cochons ; enfin je devins si méchant, que la maîtresse demanda à son mari de me vendre à la foire de Mamers, qui devait avoir lieu dans quinze jours. [...] Mon maître me mena à la foire et me vendit cent francs. En le quittant, j'aurais bien voulu lui donner un bon coup de dent, mais je craignis de faire prendre mauvaise opinion de moi à mes nouveaux maîtres, et je me contentai de lui tourner le dos avec un geste de mépris. »

La comtesse de Ségur, *Mémoires d'un âne.*

Matthieu, il casse tout !

Quand Matthieu arrive dans la salle jusqu'ici calme, un ouragan déferle. Il bouscule l'ordre naissant : sous prétexte d'aider il renverse des chaises, et démolit ce qui a été fait, sans aucune raison. Pendant la séance ou la leçon, au cours d'un jeu ou d'une explication, il ne cesse de s'agiter. Il faut déployer des trésors d'énergie pour éviter qu'il ne se déplace à tout moment, et tendre le dos devant l'eau renversée pendant que le groupe tente de peindre avec soin ; admettre que s'il va vider son gobelet, une mare s'étendra à ses pieds ; et considérer comme normale la rapidité avec laquelle il transforme l'espace tout à l'heure encore plaisant en un champ de bataille.

Quand Matthieu reste assis, ses pieds grattent le sol ; ses mains ne cessent de tourmenter un quelconque objet, et l'on voit vite s'accumuler autour de lui les chewing-gums poisseux, les papiers déchirés, les gommes en miettes, le tout pouvant aussi bien provenir de sa trousse que du sac de son voisin ou du bien commun. Son cahier est corné. Ses livres sont jetés à la volée.

Il est vrai que Matthieu, compte tenu de tout cela, n'est pas un garçon systématiquement opposant, et que sa violence n'est pas une destruction volontaire de toute chose. Il gêne les autres dans la mesure où ceux-ci aimeraient vivre dans la calme sécurité d'une salle à peu près ordonnée ; où le bruit qu'il provoque fait rire ou agace ; où la chaise qu'il retire brusquement fait défaut à un camarade ; où il est la source d'un énervement collectif.

Le drame est justement qu'il provoque presque toujours cet énervement, que les uns le fuient ou poussent des cris lorsqu'ils le voient approcher, pendant que d'autres l'éjectent sans ménagement. Et il faut bien avouer que chacun a le sentiment de respirer un peu mieux si un matin Matthieu n'est pas là. Impression déconcertante aussi parfois : nous nous étions accoutumés à ce gêneur. Présent, il nous dérange. Absent, il nous manque et dès lors nous gêne encore !

Il semble que Matthieu déborde d'un trop-plein d'activité mal canalisée. Sa mère dit de lui que c'est un « enfant nerveux » et qu'il l'épuise... comme il épuise tout le monde. Mais jamais on n'est tenté de voir en lui un enfant volontairement désagréable. On ne peut lui faire de reproche grave, ni s'inquiéter à son sujet. Il est seulement « tuant » et l'on ne sait qu'en faire ni comment faire. Sa bonne volonté même ne semble pas en cause. Il n'en est pas de même avec tous les brise-fer. Car à ce caractère peuvent s'adjoindre d'autres traits qui compliquent le problème. Nous le verrons plus loin.

« Croyez-moi, papa, ça a été une nuit d'enfer et je m'en souviendrai toute ma vie. Il tonnait, il y avait des éclairs, j'avais très faim et alors le Grillon Parlant m'a dit : "C'est bien fait pour toi ; tu as été méchant, tu n'as que ce que tu mérites", et moi je lui ai dit : "Attention à toi, Grillon !...", et il m'a dit : "Tu es un pantin et tu as une tête de bois", et je lui ai envoyé un coup de marteau, et il est mort, mais c'est sa faute, parce que je ne voulais pas le tuer, la preuve, j'ai mis une poêle sur la braise allumée du brasero, mais le poussin s'en est échappé et a dit : "Au revoir... et bien des choses aux vôtres" et j'avais de plus en plus faim, c'est pour ça que ce petit vieux avec son bonnet de nuit m'a dit en se penchant à la fenêtre : "Avance et tends ton chapeau" et me voilà avec ce seau d'eau sur la tête ; parce que demander un peu de pain ce n'est pas une honte, n'est-ce pas ? Je suis tout de suite revenu à la maison, et comme j'avais toujours très faim, j'ai mis les pieds sur le brasero pour me sécher, et vous êtes revenu, et je les ai retrouvés brûlés, et maintenant voilà, j'ai toujours faim mais je n'ai plus de pieds ! Ih !... Ih !... Ih !... Ih !...

Et le pauvre Pinocchio se mit à pleurer et à brailler si fort, qu'on l'entendait à cinq kilomètres à la ronde. »

Carlo Collodi, *Les aventures de Pinocchio.*

Clara fait de la contestation permanente

« La dirlo... oh pardon !
la directrice...
Quand elle me regarde
on dirait qu'elle veut me tuer,
me mettre en morceaux,
m'écrabouiller.
Après elle prend sa voix
douce pour dire à ma mère
que ci que ça...
Mais moi je sais :
c'est une hypocrite. »

A tout, Clara s'oppose. Elle conteste. Pourquoi a-t-on mis la table ici ? Pourquoi ne fait-on pas la même chose que les autres jours aujourd'hui ? Ou, au contraire, ne pourrait-on pas un peu changer la manière de faire, c'est toujours pareil ? David, on en a déjà parlé, quelle barbe !... Zachée, qu'est-ce que c'est que ce type avec un nom pareil ? De la peinture aujourd'hui, pouah ! Et d'abord, Jésus, qui est-ce qui nous prouve qu'il a existé, hein ?... Et puis, madame J. qui a dit qu'il faut être serviable avec les autres, etc., tu crois qu'elle est toujours gentille et serviable ? L'histoire, beurk ! ! ! Les maths c'est « con », la grammaire on n'y comprend rien, et la musique, pouh ! ! !

Lorsqu'il s'agit de jeux la situation n'est pas meilleure. Ce qu'on leur propose est stupide, les explications sont mal données, c'est bon pour les petits ou hélas « Qu'est-ce qu'ils sont chiants avec leurs histoires ! »

Clara objecte, s'oppose, tergiverse, cherche à mettre en défaut. Elle interrompt volontiers celui qui parle pour mettre intelligemment le doigt sur le point le plus délicat, le nœud fragile ; moins intelligemment pour simplement contrer une affirmation. Ses critiques, on l'a compris, sont incessantes, et lassantes.

Sur ses camarades, elle produit un effet généralement mauvais : « Encore !... » A ses objections, ceux-ci réagissent habituellement par l'agacement. Pas toujours cependant. Il arrive que l'esprit contestataire de Clara soit contagieux, surtout aux approches de la préadolescence. La présence d'un tel enfant en sixième est généralement à l'origine de doutes plus formulés et plus précoces. Ceux-ci parfois permettront un progrès si nous savons les entendre. Les éducateurs, qui consentent à entrer dans le cercle de Clara pour l'obliger à aller au bout de la réflexion qu'elle lance, peuvent approfondir le travail de tous. A moins que l'attitude de Clara n'ait été si exaspérante que les enfants aient pris en horreur à tout jamais la mise en doute et la critique, même lorsque celle-ci n'est pas aussi superficielle que l'on aurait pu croire.

« Imaginez un drôle à qui, depuis l'époque où il était encore porté sur les bras, on n'a jamais dit non. Les caprices les plus idiots, même les plus dangereux, on lui passait tout. Tenez, un jour, il a voulu manger sa soupe sur le toit du parc à cochons. Eh bien, pendant toute une saison, il a mangé la soupe sur le toit du parc à cochons. Il y a eu dimanche quinze jours, c'était la fête locale ; il n'a pas quitté les chevaux de bois de la journée. Le soir venu, il a voulu en emporter un chez lui. Naturellement, le forain a crié. Le drôle hurlait encore plus fort, comme il sait faire, on n'entendait plus la musique du bal. Le père Romazilhe a été jusqu'à offrir cinq cents francs pour qu'on dévisse un des chevaux de bois et qu'on l'apporte dans la chambre du petit. »

François Mauriac, *Le drôle.*

David,
on dirait qu'il aime
détruire...

Un stade plus avancé, et moins intellectualisé que celui de Clara est celui de David le destructeur. Certes, Clara avait le goût de la destruction. Elle ne peut en effet accepter un donné qui s'offre à elle. Mais c'est uniquement sur le mode verbal qu'elle détruit. De même Matthieu, d'une certaine manière, détruit lui aussi ; mais sur un mode purement matériel, puisqu'il détruit des objets, renverse et démolit un ordre de tables, de chaises ou d'objets divers, et cela sans intention claire de nier ou d'abîmer ce qu'ont produit les autres.

David, lui, combine en quelque sorte les comportements de Clara et ceux de Matthieu. Il prend apparemment du plaisir à détruire ce qu'ont fait les autres. S'il renverse les chaises, c'est parce qu'il ne supporte pas que reste en place ce qu'un autre a préparé. S'il rit ou se moque ouvertement, c'est parce qu'il ne tolère pas l'attention de ses camarades à ce qui se dit, c'est parce qu'il n'accepte pas la belle assurance et la belle certitude de son éducateur.

Bien plus, il ne supporte pas les œuvres des autres. Il lui arrive de gribouiller sournoisement le dessin de son voisin, l'air négligent, en parlant d'autre chose. Il lui est même arrivé de prendre violemment la feuille d'un camarade et de la déchirer, ou encore d'y étaler une longue traînée rouge ou noire. Après quoi, il a parfois l'air contrit : « Je ne sais pas ce qui m'a pris », parfois l'air goguenard, et finalement il semble secrètement satisfait.

David aime à casser, à se moquer, à entraver ce qui se fait ou ce qui se dit, s'y employant par les moyens les plus variés. La réaction est toujours la même. « Oh lui, alors, ce qu'il peut être c... » de la part des enfants, et de la part des adultes un découragement agacé : « Il détruit tout : les séances, les jeux les mieux préparés, les leçons ; ses camarades ; il me démolit moi-même. »

C'est là le piège. Un vrai piège que les psychanalystes connaissent bien, celui de l'enfant qui cherche à détruire avec rage alors même qu'il a besoin que choses et gens lui résistent. Quelle toute-puissance angoissante en effet s'il réussit toujours dans son entreprise de destruction ! En quelque sorte un tel enfant a absolument besoin de toucher les limites ; de trouver les frontières qu'il ne pourra pas franchir. Moins pour se heurter à la loi – pourtant nécessaire à la structuration de la personnalité – que pour éprouver la force de vie de l'autre. Non pas pour découvrir que la résistance de l'autre peut revêtir et révéler la même agressivité que la sienne, mais pour éprouver que sa rage destructrice ne tue pas.

L'enfant parfois cherche symboliquement à tuer et a fondamentalement besoin que l'adulte ne se laisse pas tuer – qu'il demeure solide et vivant sous le choc. L'assurance de la permanence de l'adulte ici est fondamentale. Mais une permanence qui ne s'inscrit pas dans la lutte agressive. Et c'est bien là la difficulté.

Comment demeurer soi-même sans s'entourer de murs protecteurs, sans se faire insensible, sans éprouver ni manifester violence ou entêtement ? Comment être fort sans être écrasant ou sadique ? Il est évident que l'éducateur échouera parfois dans un tel projet. Il n'en demeure pas moins que telle est la direction nécessaire, animée par le sens de la vie là où en quelque sorte la menace de meurtre [2] est constante – souvent de part et d'autre.

2. Il est évident qu'il ne s'agit pas de meurtre réel. Mais la pulsion est la même.

« "Tu n'as droit à rien ; on ne t'a rien donné ; mais comme je ne veux pas être gourmande et avare comme toi, tiens, tiens."

En disant ces mots, Marguerite prit une grande poignée de cerises et les lança à la tête de Sophie qui, déjà un peu en colère, devint furieuse en les recevant, elle s'élança sur Marguerite et lui donna un coup de poing sur l'épaule. Camille et Madeleine se jetèrent entre elles pour empêcher Marguerite de continuer la bataille commencée. Madeleine retenait avec peine Sophie, pendant que Camille maintenait Marguerite et lui faisait honte de son emportement. Marguerite s'apaisa immédiatement et fut désolée d'avoir répondu si vivement à Sophie ; celle-ci résistait à Madeleine et voulait absolument se venger de ce qu'on lui avait lancé des cerises à la figure.

"Laisse-moi, criait-elle, laisse-moi lui donner autant de coups que j'ai reçu de cerises à la tête ; lâche-moi, ou je te tape aussi". »

La comtesse de Ségur, *Les malheurs de Sophie.*

Romain, il veut tuer tout le monde

« Je te déteste, je me déteste, je voudrais que tout le monde il soit mort ! »

Romain n'a que ce mot à la bouche : « Si tu continues, je te tue ! » Bien sûr, on n'y croit pas. Certains se moquent et agressent à leur tour : « Essaie un peu pour voir ! » Romain alors fait mine de mitrailler ou se précipite avec violence sur celui qui l'a menacé.

Certains enfants ont peur de Romain : « Il en serait bien capable... » Et de citer ce qu'ils ont entendu dire ou ce qu'ils ont lu concernant des assassinats d'enfants par d'autres enfants. On aura beau dire que ce sont des cas particuliers et que jamais, au grand jamais, cela ne saurait arriver avec Romain, cela fait peur. Et puis Romain menace tout le monde, donc personne. Ce sont des mots, des gestes et pas des actes... Rassurons-nous.

Mais pourquoi donc Romain brandit-il la mort à tout bout de champ ? Pour faire peur aux autres et uniquement pour leur faire peur ? Pour les faire plier tant est grande sa volonté d'exercer son pouvoir sur ceux qui l'entourent ? Peut-être parce qu'il a peur de lui-même... Nous savons bien qu'il arrive que l'on se déguise en cela même qui nous terrorise pour apprivoiser la terreur et pour faire peur à l'autre, si effrayant, avec les outils même qu'il emploie. Telle petite fille qui a peur du chien montre ses dents à la façon du chien. Tel garçon prend la voix effrayante du supposé fantôme dont il a peur...

Peut-être que tout simplement Romain a peur des autres. Peut-être se croit-il blessé, persécuté, en risque d'être détruit et c'est pour cela qu'il brandit la destruction. Peut-être Romain a-t-il si peur d'un monde cruel, d'une famille ou d'un frère violent qu'il a envie d'exercer lui-même son sadisme. Et sur tout et tous. Peut-être encore veut-il apprivoiser l'idée de la mort, prétendant avoir le pouvoir de la donner pour y échapper lui-même...

Il n'empêche qu'il aurait besoin d'apprendre la distance entre faire et dire, désirer et réaliser son désir. Il aurait besoin que ses éducateurs et ses camarades lui enseignent à modérer les paroles et les gestes tout en lui faisant savoir que chacun, un jour ou l'autre, a éprouvé des désirs de mort à l'encontre de quelqu'un, et que ce qui distingue l'être civilisé de l'être brut, c'est de savoir jouer avec ses pulsions, de les humaniser.

N'est-ce pas Paul Valéry qui disait plaisamment que si tout désir passait en acte du seul fait d'être désir, les rues seraient peuplées de femmes enceintes et jonchées de cadavres ?

« "Tu deviens sourde, toi aussi, ma parole", crie ma mère. Sans doute. Il est vrai que je l'entends de moins en moins.

Deviens nulle en classe. Aussi. Surtout. Camille me souffle. S'époumone à me souffler, à me passer ses copies en interro... Rien n'y fait : je collectionne les bulles. Ma tête s'abîme. C'est le brouillard.

J'ai peine à comprendre ce que disent les profs, même quand j'écoute. Je n'entends plus.

Comme une autre langue.

Un dialecte ancien.

[...]

Je ne pourrais plus faire marche arrière maintenant. Même si je le voulais. Ma cervelle ne fonctionne plus. »

Marie Brantôme,
Avec tout ce qu'on a fait pour toi.

Amar,
il ne comprend rien
quand on lui parle

Pauvre Amar ! Il est arrivé dans sa banlieue il y a quelques mois. Il a toujours l'air ahuri. Il ne dit rien. Où qu'il soit il a toujours l'air de n'être pas là. Et sa présence-absence est si présente que tout le monde en est gêné.

On essaie de lui parler. Il garde son regard fixe, entrouvre la bouche et demeure immobile. On tente de l'entraîner dans un jeu. Il reste planté comme un piquet. Finalement tout le monde en a assez. On va le laisser tomber avant peu.

Dans le groupe de sport où on l'a inscrit, il semble ne rien comprendre. Pourtant, il serait facile de courir après un ballon, de l'attraper, de l'envoyer à son tour. Mais non. Là encore il reste dans son coin, ne court pas et ne joue pas. Quelle tristesse, quelle nostalgie l'habitent pour qu'il soit si figé, si isolé ? La difficulté de la langue est-elle son seul handicap ?

Au collège on l'a inscrit dans la classe des non-francophones. Là il semble un peu plus présent. Certains professeurs s'ingénient à faire communiquer les enfants entre eux, à leur enseigner à la fois la langue française et le plaisir d'être ensemble. C'est une tâche ardue et passionnante. Amar, malgré le bon vouloir des enseignants, conserve son air hébété.

Et puis voilà qu'un jour, il semble dresser l'oreille à l'écoute d'une musique venue d'ailleurs. Ses yeux brillent. Il sourit. Il dit : « C'est de chez moi ».

D'autres filles, d'autres garçons vivent la même difficulté. Peut-être parce qu'ils s'appellent Amar, Saïd ou Hassan, que le pays où ils sont nés est loin ou que leur famille n'a pas pu s'adapter au lieu où elle a échoué, vivant l'espoir et la désespérance. Peut-être leur inadaptation est-elle aussi d'une autre nature : c'est une extrême pauvreté de la famille ; une misère morale soigneusement cachée ; une blessure, une violence subie et qui a figé l'enfant dans une hébétude qui pourrait faire croire à de la stupidité.

A chacun de ces enfants qui semble ne rien comprendre quand on lui parle, l'éducateur, quel qu'il soit, doit une attention particulière. Il lui faut se faire écoutant du silence, inventeur de paroles nouvelles et de gestes nouveaux. Il lui faut rechercher tout au fond de lui-même les ressources les plus cachées. Peut-être se demander : comment ça se passe pour moi quand il m'arrive de ne rien comprendre lorsque le haut-parleur de la gare crie des mots inaudibles ; lorsque je suis dans un pays étranger ; lorsque je viens de ressentir une émotion si forte que tout semble s'évanouir en moi ou autour de moi ? Qu'est-ce qui alors pourrait me sauver, faire cesser l'enchantement du cauchemar ?

« Quand j'étais petit,
Je n'étais pas grand.
J'montrais mon derrière
A tous les passants.

Mon papa disait :
"Veux-tu le cacher ?"
Je lui répondais :
"Veux-tu l'embrasser ?" »

Chanson enfantine.

Aline, c'est un clown

Aline, du moins, est drôle. Peut-être détruit-elle, elle aussi, ce que l'on avait bien préparé. Mais cela se passe dans un climat joyeux de fantaisie et de pitrerie.

Certes, il est difficile de lui résister lorsqu'elle invente les grimaces les plus comiques. Et même si l'adulte s'irrite de lui voir mimer ce qu'il est en train de dire avec sérieux, on se borne à regretter que ses accès de drôlerie et de gaieté soient généralement si déplacés. Aux récréations, c'est un boute-en-train. Elle est appréciée de ses camarades qui lui demandent pour la centième fois de refaire la même grimace, de se livrer à la même fantaisie, de les entraîner dans le même monde fantasque.

Et pourtant, comme nous aimerions trouver le moyen de la « neutraliser » dès que nous sommes entrés dans la classe, dans la salle ou l'atelier. Et comme cela faciliterait les choses si elle consentait à ne pas faire de clins d'œil à l'un puis à l'autre, cherchant, quêtant leur intérêt, leur complicité... Car un autre de ses traits dominants est qu'elle cherche à se trouver des complices, des répondants parmi les enfants mais aussi les adultes, qui voudront bien manifester qu'ils la trouvent plaisante. Dans cette entreprise de distraction générale, elle réussit le plus souvent très bien ! Tout le problème est que, non contente de s'amuser elle-même, elle tient avant tout à amuser les autres, à être reconnue par tous comme irrésistible.

En fait, Aline est fine et intelligente, et il lui arrive de s'arrêter à temps. Elle est seulement un élément de désordre possible, qui émerge de temps à autre. Mais la frontière est bien fragile : un moment vient où rire à tout propos n'est plus amusant, où les enfants lassés ne rient plus des bêtises d'Aline, où même ils la rabrouent. Déçue, Aline multiplie les sottises et, tout en suscitant encore plus de désordre, se fait peu à peu rejeter.

Les éducateurs devraient songer à cela très tôt, l'aider à faire quelque chose de sa drôlerie, lui apprendre à l'utiliser. Mais nous savons tous que cela suppose une grande patience, une attention disponible, un peu d'humour et mille autres conditions qui sont parfois difficiles à réunir, surtout lorsque le groupe est nombreux, et que l'éducateur est ou se croit débordé ou en risque de l'être. Et pourtant, une drôlerie traitée avec intelligence, socialisée, est si appréciable dans un groupe et même dans la vie ! Elle témoigne en faveur de la légèreté de tant de situations que nous avons tendance à dramatiser, elle peut apporter le sourire et le rire là où nous risquions de devenir des gens sérieux, trop sérieux, comme ceux que fuit le Petit Prince de Saint-Exupéry... Aline, si nous la comprenons, a des chances de nous apprendre quelque chose, à nous que notre fonction risque parfois de rendre trop pleins de nous-mêmes et de ce fait un peu ennuyeux.

« Il est généralement admis que la pulsion sexuelle fait défaut à l'enfance et ne s'éveille que dans la période de la puberté. C'est là une erreur lourde de conséquences, puisque nous lui devons l'ignorance où nous sommes des conditions fondamentales de la vie sexuelle. Si nous approfondissions les manifestations sexuelles de l'enfant, nous découvririons les traits essentiels de la pulsion sexuelle ; nous comprendrions l'évolution de cette pulsion et nous verrions comment elle puise à des sources diverses. »

Sigmund Freud,
Trois essais sur la théorie de la sexualité.

Gaëlle,
elle embrasse les filles
sur la bouche !

De Gaëlle les maîtres se plaignent un peu. Les enfants beaucoup. Les maîtres lui reprochent de déclencher de l'agressivité là où elle passe. Les enfants sont plus ambigus. Les uns haussent les épaules en parlant d'elle. D'autres font des signes : « Elle est toc-toc ». Les filles disent qu'elles n'en veulent pas dans les jeux. Les garçons se battent avec elle.

L'accusation qui parcourt les rangs des enfants c'est que Gaëlle embrasse les filles sur la bouche et ça ne plaît à personne. Les réactions des filles sont sous-tendues à la fois par l'idée que ce n'est pas normal, et par la crainte de cette anormalité ; voire par un sentiment d'être violées. Lina qui est l'objet de tous ses désirs est furieuse. Elle la fuit, crie lorsque Gaëlle s'approche du groupe où elle se trouve, ameute tout le monde. Gaëlle se bat un peu, reçoit des coups et des quolibets, et finalement bat en retraite – jusqu'à la prochaine fois.

Gaëlle rêve qu'un jour elle sera un garçon. Alors elle sera très forte, plus forte que tous les garçons de sa classe. Elle plaira à Lina qu'elle aura le droit d'embrasser autant qu'elle voudra. Elle rêve tellement d'être un garçon qu'elle se met très en colère quand on parle d'elle au féminin. Si on lui dit « Tu es curieuse » ou « Tu es furieuse », elle rectifie : « curieux ! », « furieux ! »

Les adultes qui ont envie d'avoir la paix, de ne pas susciter son agressivité s'ingénient à lui parler au neutre : « Tu as envie de savoir plein de choses » ou « Tu es très en colère ! » Ceux qui veulent la provoquer et l'obliger à accepter la réalité semblent faire exprès de lui parler au féminin et de la traiter en fille. Le résultat ne se fait pas attendre : elle hurle sa fureur. D'autres vont jusqu'à lui dire qu'elle est « mignonne » quand elle le veut bien. Et c'est justement ce qu'il ne faut pas dire.

Alors que faire ?

Comprendre qu'elle a du mal à accepter la réalité de son sexe et cela pour des raisons obscures que les éducateurs ne doivent pas chercher à percer. Ne pas tenter d'interpréter est une règle d'or pour les maîtres, les animateurs, les catéchistes. Surtout devant ce comportement qui fait question, pose un problème d'identité et crée un malaise chez les adultes.

On va vite à utiliser les mots qui fixent un trouble et font peur. Est-elle homosexuelle ? Est-elle en passe de devenir transsexuelle ? Est-ce parce que sa mère est trop belle ? Ou chevaline ? Parce que son père est comme ceci ou comme cela ?... Surtout, gardons-nous de tels propos et même de telles pensées. Admettons simplement qu'elle souffre de ce qu'elle est, de ce que les autres veulent qu'elle soit. Traitons-la avant tout comme une enfant. Ne faisons pas semblant de croire qu'elle est un garçon – ce qu'elle n'est pas. Ne l'obligeons pas à reconnaître qu'elle est une fille – ce que pour l'instant elle refuse.

Déplaçons un peu le problème en lui apprenant que lorsqu'on aime quelqu'un, on cherche à lui faire plaisir et à le respecter en premier lieu. Faisons-lui savoir aussi que, homme ou femme, garçon ou fille, l'expression de l'amour que nous éprouvons pour un autre nécessite quelque mesure. Et surtout aidons-la à porter intérêt à la relation à l'autre, plus encore qu'aux gestes qui disent le désir.

Entraînons-la au plaisir d'une activité partagée plutôt que de céder à la moralisation de ses attitudes provocatrices, vides de tout autre plaisir que celui-là même de la provocation.

« Donc je suis un caniche d'avenir ; je prophétise. J'ai des mots d'enfant, on les retient, on me les répète ; j'apprends à en faire d'autres. J'ai des mots d'homme : je sais tenir sans y toucher des propos au-dessus de mon âge. Ces propos sont des poèmes ; la recette est simple. Il faut se confier au diable, au hasard, au vide, emprunter des phrases entières aux adultes, les mettre bout à bout, et les répéter sans les comprendre. »

Jean-Paul Sartre, *Les mots.*

Pedro, il parle tout le temps

Nous avons probablement tous fait l'expérience désagréable d'un robinet brusquement déréglé qui, malgré nos efforts, refuse de se fermer, une des pièces étant devenue défectueuse. Quiconque a le privilège d'avoir un Pedro dans son groupe fait une expérience analogue. Pedro parle, parle, parle à tort et à travers, et rien ne saurait le tarir. Si l'on écoute ce qu'il dit, on s'aperçoit qu'il se fait souvent notre écho – ou encore, et cela est plus perturbant, notre commentateur. Ce commentaire, qu'il fait sur le mode associatif, l'entraîne parfois fort loin : « C'est comme moi un jour... ». Du reste, il n'exige pas toujours l'attention de ses auditeurs. Il commente, il fait un bruit de fond, il dit à haute voix ce que peut-être d'autres, à l'attention aussi mobile, mais au verbe moins facile, pensent silencieusement.

Il faudrait pouvoir l'interrompre. Mais comment ?

Dans un groupe restreint, il parle à la place de tout

le monde. Ses voisins ne parviennent plus à s'exprimer. L'adulte est débordé. Débordé, et souvent déprimé, car le discours de Pedro ne semble pas souvent utilisable. Que devenir lorsqu'il se met à raconter le dernier film vu à la télévision, ou le dernier incident minime survenu en classe ? D'autant plus que, volubile, il agrémente son récit d'onomatopées variées, et ce n'est pas toujours compréhensible. Une fois de plus l'énervement risque de s'emparer du groupe qui se révolte : « Y en a que pour lui ! » Ou alors, c'est l'apathie. Sous le déluge des mots, le groupe s'endort, se noie. Il est difficile de penser avec lui. Pedro discourt, mais ne s'exprime jamais. Il parle, mais il ne communique pas. Tout le problème avec lui est de lui apprendre que la parole est signifiante, peut et doit l'être. Peut-on retenir son flux, son flot verbal ? Peut-on, sans l'écraser, lui faire goûter un instant la capacité de se taire non pas en lui enjoignant de se taire, mais en l'aidant à faire silence, à écouter, à préparer ce qu'il veut dire ? Peut-être n'a-t-il pas encore découvert que la parole se travaille, que le sens est plus important que le bruit des mots, et que la communication, s'il prend les moyens d'y entrer, le frustrera mais aussi l'enrichira. Certes tout cela repose sur plus profond que l'apparence. Peut-être suivi en psychothérapie, ce petit garçon bavard et isolé dans son bavardage rejoindrait-il la difficulté qui le fait tel, et la résolvant se comporterait autrement. Mais déjà l'éducateur a pouvoir, s'il se fait attentif à lui, de lui révéler ce qu'est ou ce que peut être l'attention aux autres, l'attention nécessaire au silence où la parole est vraie.

« Veux-tu dire ce qu'il y a d'écrit au-dessus de ta partition ? demanda la dame. [...]

– Moderato cantabile, répondit l'enfant.

– Et qu'est-ce que ça veut dire, moderato cantabile ?

– Je ne sais pas.

Une femme, assise à trois mètres de là, soupira.

– Tu es sûr de ne pas savoir ce que ça veut dire, moderato cantabile ? reprit la dame.

L'enfant ne répondit pas. La dame poussa un cri d'impuissance étouffé, tout en frappant de nouveau le clavier de son crayon. Pas un cil de l'enfant ne bougea. [...]

– Je te l'ai dit la dernière fois, je te l'ai dit l'avant-dernière fois, je te l'ai dit cent fois, tu es sûr de ne pas le savoir ?

L'enfant ne jugea pas bon de répondre. La dame reconsidéra une nouvelle fois l'objet qui était devant elle. Sa fureur augmenta. [...]

– Tu vas le dire tout de suite, hurla la dame.

L'enfant ne témoigna aucune surprise. Il ne répondit toujours pas. Alors la dame frappa sur le clavier si fort que le crayon cassa. Tout à côté des mains de l'enfant. Celles-ci étaient à peine écloses, rondes, laiteuses encore. Fermées sur elles-mêmes, elles ne bougèrent pas. "C'est un enfant difficile", osa dire Anne Desbaresdes [sa mère], non sans une certaine timidité. L'enfant tourna la tête vers cette voix, vers elle, vite le temps de s'assurer de son existence, puis il reprit sa pose d'objet, face à la partition. Ses mains restèrent fermées. »

Marguerite Duras, *Moderato cantabile.*

Carole, impossible de lui arracher un mot

« Quand on est mort, qu'est-ce qu'on fait ? »

Nous avons parfois pu croire que les enfants volubiles, intarissables, s'exprimaient. Erreur grossière, mais parfois consolante.

Une erreur encore plus grossière – et qui quelquefois nous laisse parfaitement en paix – consisterait à n'avoir pas conscience du problème que pose un enfant qui toujours se tait. Certes, Carole ne dérange ni la classe, ni les jeux, ni les réunions de famille. Nulle part elle ne dérange personne. On pourrait même ne pas s'apercevoir de son absence le jour où sa place est vide.

Qu'on l'interroge de manière directe, que l'on attende passivement une intervention de sa part, il semble toujours impossible de la faire participer. Et il est parfois difficile de tolérer un enfant aussi effacé. Ou même de le voir. C'est ainsi qu'on l'oublie, on l'ignore, on l'abandonne.

Cet animateur à qui l'on demandait en fin de deuxième trimestre ce qu'il faisait d'un tel enfant que pourtant il voyait chaque semaine, eut la surprise de devoir répondre après un long silence : « Au fond je ne le connais pas du tout ; je m'aperçois que je ne peux rien en dire, je ne me rappelle rien de lui... » En d'autres termes : « Cet enfant qui ne s'est jamais manifesté, je l'ai oublié... C'est un enfant qui se laisse oublier, et il faut un effort d'attention énorme pour ne pas le laisser tomber, pour simplement le voir. » Se faire oublier malgré tout le désir qu'on aurait d'être reconnu... Se faire oublier par peur de se signaler, par peur de l'autre. Se faire oublier parce que se dire, se manifester est trop risqué, trop dangereux.

Ne vaudrait-il pas mieux encore, pour eux et pour nous, qu'ils soient difficiles à supporter mais toujours présents à notre attention, appelant clairement cette attention, signe de notre intérêt pour eux, de notre amour ?

« J'ai fait le tour de toutes les églises de Versailles, toutes celles que je connais, même la chapelle de l'hôpital, et j'ai prié partout... La Vierge avec son Enfant Jésus. Je lui ai demandé la même chose partout... Rien... Aucun signe. Aucune réponse. J'ai compris maintenant.

Dieu n'existe pas. C'est encore un truc inventé. Comme le Père Noël. C'est un conte. C'est joli mais c'est faux. Imaginaire plutôt.

J'ai attendu longtemps avant de l'écrire. Pour en être sûre, parce que, une fois que c'est écrit, c'est écrit.

Voilà. Je n'y crois plus en dieu. Plus du tout.

Dorénavant, j'écrirai "dieu" : sans majuscule – dieu minuscule.

Ça ne fait pas de bien. Au contraire.

Je suis vraiment toute seule maintenant. »

Marie Brantôme, *Avec tout ce qu'on a fait pour toi.*

Jérémie, il défait tout ce qu'il fait

Jérémie vient de réaliser une belle peinture. Sa catéchiste l'apprécie : « Ce que tu viens de faire montre que tu as bien compris ce que pensait Pierre en regardant Jésus... » Mais Jérémie a l'air absent. Soudain, il ricane : « Vous avez même pas vu que j'ai mis un singe dans le coin pour m'amuser. » Ou encore un autre jour : « Vous trouvez que c'est bien ; ben vous êtes pas difficile : regardez-moi ce jaune avec ce vert, si c'est laid ! »

Bienheureux sommes-nous si Jérémie ne balafre pas d'un grand trait l'œuvre à peine achevée, ou s'il ne déchire pas tout simplement ce qu'il vient de dessiner.

Il en va de même si, au cours d'un jeu, d'un spectacle ou d'une cérémonie il vient de remplir avec sérieux et réflexion un rôle clé. Ce n'est même pas au commentaire de l'adulte ou à celui de ses camarades qu'il réagit négativement. C'est en quelque sorte à son propre regard sur lui-même. Il termine dans une pirouette ou sort, sarcastique, se moquant de ce à quoi l'instant d'avant, il semblait participer de manière si vraie. Je dirais même que sa pirouette et ses sarcasmes sont d'autant plus forts qu'il s'est montré plus engagé l'instant précédent.

Si on le remercie avec un peu trop de chaleur pour un service rendu, il s'empresse de détromper « C'est parce que ça m'amuse » et au besoin, ici encore, détruit ce qu'il vient de faire, ou dit gratuitement une parole méchante.

Mais si on ne le remerciait pas, que se passerait-il ? « Ma mère, elle voit jamais une fois si seulement je mets le couvert pour lui faire plaisir... », dit-il un jour. Il est probable aussi que si sa mère souligne le couvert bien mis, il la rabroue et lui signale ce qu'il a oublié, lui précise qu'il a fait cela pour se faire plaisir à lui-même, ou encore parce qu'il s'ennuyait, etc.

« On ne sait pas comment faire avec lui ; on a toujours peur de se tromper », disent sa mère, son père, ses éducateurs dans leur ensemble. « On a toujours peur de déchaîner un ouragan, de le voir se mettre à démolir tout ce qu'il fait de bien. »

Il arrive même que Jérémie explose : « Je suis un bon à rien ; je suis méchant ; je déteste tout le monde. » Et l'on assiste, atterré, à une scène violente où Jérémie se détruit lui-même de manière systématique, dans tout ce qu'il est, dans tout ce qu'il aime, dans tout ce qu'il fait, parfois aussi dans tous ceux qui l'aiment. « Je voudrais être une feuille de papier qu'on déchire et qu'on brûle et après y a plus rien ! », clame un jour Jérémie dans un désespoir et une haine de soi tels que celui qui ne s'en inquiéterait pas serait bien léger. Et là encore nous pouvons songer que le psychothérapeute qui aura Jérémie en charge devra approcher ce dangereux volcan et s'y brûlera les mains au feu du désespoir et de la haine, autant de temps que la fissure de ce désespoir et de cette haine n'en aura pas épuisé l'expression ; aussi longtemps que n'aura pas été modifiée la géographie souterraine de Jérémie.

Mais malgré les refus, les rejets, les fureurs de ce petit garçon malheureux, il faudra que les adultes qui l'approchent lui fassent savoir qu'ils l'aiment malgré tout, qu'ils le voient malgré tout, et que nul ne meurt – ni lui ni l'autre – de ses bouffées de rage ou d'humeur destructrice.

Colette fait le portrait du couple formé par ses parents, Sido et le capitaine.

« Je ne les ai jamais surpris à s'embrasser avec abandon. D'où leur venait tant de pudeur ? De "Sido", assurément. Mon père n'y eût pas mis tant de façons... Attentif à tout ce qui venait d'elle, il écoutait son pas vif, l'arrêtait au passage :

– Paye ! lui ordonnait-il en désignant sa pommette nue au-dessus de sa barbe, ou on ne passe pas.

Elle "payait", au vol, d'un baiser vif comme une piqûre, et s'enfuyait irritée, si mes frères et moi l'avions vue "payer".

Une seule fois, en été, un jour que ma mère enlevait de la table le plateau du café, je vis la tête, la lèvre grisonnantes de mon père, au lieu de réclamer le péage familier, penchées sur la main de ma mère avec une dévotion fougueuse, hors de l'âge, et telle que "Sido", muette autant que moi empourprée, s'en alla sans un mot. J'étais petite encore, assez vilaine, occupée comme on l'est à treize ans de toutes choses dont l'ignorance pèse, dont la découverte humilie. Il me fut bon de connaître, et de me remettre en mémoire, par moments, cette complète image de l'amour : une tête d'homme, déjà vieux, abîmée dans un baiser sur une petite main de ménagère, gracieuse et ridée. »

Colette, *Sido.*

Marion, elle dit qu'elle fait l'amour !

Gratien est tout bouleversé au retour des vacances. Il a fini par raconter au responsable de son équipe ce qui lui est arrivé. Ses parents avaient amené avec lui ses copains d'enfance : Stéphane et sa sœur Marion. Ils couchaient tous dans la même chambre, la « chambre d'enfants ». Ils ont à peu près le même âge : onze ou douze ans.

A l'heure de la sieste, Marion se débrouillait pour expédier Stéphane au loin puis venait se couler près de Gratien ou lui sautait dessus, le chevauchant pour lui faire l'amour. Elle enlevait sa culotte et prétendait en faire faire autant à Gratien qui ne voulait plus quitter son jean la nuit comme le jour.

Gratien est affolé, demande à son chef d'équipe si c'est ainsi qu'on attrape le sida et trouve que de toute façon, les filles c'est dégoûtant ! Et puis, si c'est ça faire l'amour, pouah ! Mais justement il sait et il sent que ce n'est pas ça. C'est bien plus. Alors, c'est pire ?

Gratien s'inquiète de certains émois. Il en parle avec difficulté. Lorsque le professeur les emmène dans un quartier inconnu, la proximité des affiches provocantes d'un cinéma éveille des souvenirs, rappelle des angoisses. Les quolibets entre enfants fusent. Mais aussi les questions qui les troublent sur la dimension de leur sexe selon qu'ils sont ou non en érection, sur les maladies qui les guettent, le sida, les préservatifs. Ils font assaut de connaissances et d'ignorances masquées. Et Gratien, tout à coup délié, fait savoir son expérience avec Marion et dit : « Marion, elle fait l'amour. Avec moi, presque ; mais j'ai pas voulu ». Il déclare avec dédain qu'elle ne lui a pas plu. Regards ahuris de certains enfants – car ce sont encore des enfants. Envieux et curieux des autres. Et puis c'est Mira qui énonce tranquillement qu'elle aussi a déjà fait l'amour : « Ben quoi ! C'est pas compliqué... » Et de citer un ou deux partenaires, des garçons plus âgés. Ses affirmations laissent certains sans voix. D'autres en rajoutent.

Que vont faire le responsable, l'animateur, le professeur, le catéchiste confrontés à ces échanges ? Vont-ils faire semblant de ne pas entendre ? L'éducateur doit-il avancer des arguments moraux ? Appeler à la prudence et à la maîtrise des désirs, des pulsions et des envies ? Aider les enfants à réfléchir au sens de ce qu'ils disent ? De ce qu'ils font ou voient faire ? Va-t-il traiter par l'humour ce qui s'exprime afin d'en finir ?

Détourner les conversations ? Prendre au sérieux ce que disent Marion et Mira de leur vie sexuelle ? Expliquer ? Mais expliquer quoi ?

Peut-être doit-il dédramatiser et pour cela prendre au sérieux ces expériences enfantines qui, déjà, sont celles d'adolescents et parfois d'adultes, trop lourdes souvent en raison de leur précocité. Pourra-t-il leur enseigner que les gestes sans les sentiments sont pauvres ? Et parfois se dénaturent ? Leur dire aussi que l'on peut découvrir son corps et celui de l'autre de mille autres manières ? Leur enseigner (déjà !) ce qu'il leur faudra bientôt savoir vraiment de la sexualité, de sa force, de sa joie, des prudences et du respect nécessaires pour que la vie s'accroisse et non la mort ? Pourra-t-il, saura-t-il trouver les mots justes – les mots indispensables ?

« La réaction du milieu environnant est typique ; elle est colorée d'humiliations, de dévalorisation. Dès l'école primaire, le jeune enfant nourrit des sentiments de honte, adopte une attitude de méfiance à l'égard d'autrui. Plutôt que d'essayer d'apporter une contradiction, un démenti aux prédictions faites par les adultes – parents, enseignants, voisins – le jeune voit dans ce portrait anticipé une réalité. Puisque tout le monde s'acharne à l'identifier "brebis galeuse", il accepte alors ce projet fait sur lui, il y adhère : "C'est comme ça ; moi, je suis un voleur." Nous sommes là en présence d'un processus d'identification [3] négative. Les valeurs ne sont pas faussées ; elles sont présentes, mais elles sont à l'envers. Ce qui est bien pour les autres, est mal pour lui et vice versa. »

Colette Fiatte, *L'adolescent dyssocial. Les avatars du narcissisme primaire.*

3. C'est par l'intermédiaire d'identifications que la personnalité de l'enfant, de l'adolescent, se construit. Quand un enfant s'identifie à un adulte, il assimile un aspect, un attribut ou une valeur de cet adulte et le fait sien.

Lucas, c'est un casseur

« Dieu, un père ? Ben merci ! J'en ai bien assez d'un. »

Lucas aime choquer. Pour cela, tous les moyens sont bons. Son vocabulaire est grossier. Il fait des commentaires irrévérencieux de ce que d'autres aiment et respectent. Il aime à faire des plaisanteries d'un goût de plus en plus douteux sur les thèmes religieux, jusqu'au moment (parfois précoce) où il déchaîne une réaction violente de la part de son entourage. « L'hostie, on la mange, hein, et après qu'est-ce qu'elle devient ?... » Il se livre à des descriptions sadiques de la mort de Judas ou du martyre de Pierre, jusqu'à écœurer tout le monde. Il glisse dans la main de son animatrice quelque billet soigneusement plié quand elle passe près de lui. Le billet ouvert livre son secret : un adroit dessin franchement pornographique !

En récréation, ses jeux sont équivoques. Il tente de se livrer à des exhibitions variées de sa virilité, coince les filles où il peut pour les embrasser violemment, cherche à séduire les femmes et se montre particulièrement agressif avec les hommes.

Il exerce une sorte de fascination sur certains qui admirent sa précocité, son aisance, ce qu'ils croient être sa force : « C'est un mec. » D'autres le trouvent « franchement dégoûtant » et refusent même de lui adresser la parole – ce qui n'exclut pas la fascination.

Pour tous, il est un sujet de trouble, et cela d'autant plus que bien des Lucas sont en même temps des violents qui aiment casser, attaquer, des instables qui ne tiennent pas en place, des agressifs qui aiment détruire ostensiblement. Un pas de plus sera souvent franchi à l'entrée dans l'adolescence. Lucas sera peut-être de ceux qu'attire toute transgression, violentant les uns, agressant les autres, dépassant sans cesse l'interdit avec lequel il ne cesse de jouer. Lucas risque de glisser progressivement vers la délinquance, la marginalité, si nul ne parvient à le cadrer, n'ose lui dire la loi tout en proposant un but socialisé, enthousiasmant, à ses énergies mal canalisées. Pour Lucas, le groupe peut jouer un rôle important de régulateur, à condition que l'adulte responsable ne démissionne pas de sa place, et que le groupe soit suffisamment bien constitué pour, lui aussi, marquer les limites nécessaires et porter un projet [4].

4. Voir à ce sujet M.-B. Chicaut, E. de Labarrière, N. Fabre, C. Fiatte, *Jeunes non conformes*, Desclée de Brouwer, 1990.

« Le lendemain matin je m'ai réveillé tout seul, ma manman est pas venue me réveiller. Je m'ai levé, lavé, et j'ai mis mon costume de Superman. Je m'ai mis devant le miroir les mains sur les hanches et j'ai fait comme si les balles rebondissaient. Je m'ai préparé un petit déjeuner, jus d'orange et pain. J'ai pris la boîte à chaussures avec les sablés. Je suis parti. J'ai même pas mis de manteau, j'étais comme Superman.

Quand je suis arrivé à l'école y avait encore personne. Alors j'ai attendu la cloche en tenant ma boîte de sablés bien serrée pour pas la perdre. J'attendais, j'attendais. Y venait personne. J'attendais. Y faisait froid. Je tenais mes sablés. Toujours personne, je savais plus quoi faire. [...]

Je suis allé à la bibliothèque et tout le monde me regardait pasque j'avais mon costume de Superman. J'avais rien apporté d'autre pour me changer. Quand je suis rentré chez nous, après l'école, ma manman m'a dit : "Désolée mon chéri, excuse-moi. J'avais rendez-vous très tôt chez l'esthéticienne ce matin. J'avais mis un petit mot à Jeffrey pour qu'il te réveille en partant mais j'ai oublié de lui laisser. Je l'ai trouvé dans mon sac, au salon de beauté." »

Howard Buten,
Quand j'avais cinq ans, je m'ai tué.

Caroline, elle est toujours en retard

Toujours en retard en classe, au cours de danse, à l'atelier de peinture ou aux jeannettes (dix minutes en été, vingt minutes en hiver), toujours en retard dans les déplacements (« Un, eux, trois, quatre, cinq... il en manque une pour aller en promenade ou en récréation, ou dans la salle de télé... allons, allons, dépêchons-nous... ouf, voilà Caroline ! »), elle n'a jamais fini l'activité demandée en même temps que les autres, n'a jamais écrit le texte du travail pour la semaine prochaine alors que ses camarades ont déjà rangé leurs affaires, jamais compris en même temps que les autres ce que l'on attend d'elle (« Quoi, qu'est-ce qu'elle a dit ? »).

Bien sûr, tout cela n'est pas bien grave, pas aussi épuisant que les incartades de Pedro ou de Lucas. Mais si nous tenons compte de la lenteur de Caroline, voici que nous gênons le groupe entier. Et si nous n'en tenons pas compte, nous perdrons Caroline en route. Si nous tolérons les retards perpétuels de Caroline, nous sommes assurés du désordre que cela entraîne pour le groupe. Mais que faire pour ne les point tolérer ?

Comme Aline, comme Jérôme, comme tant d'autres, Caroline devient notre problème, la pierre d'achoppement de notre travail. Sans mauvaise volonté, sans violence, sans heurts, voici que petit à petit, Caroline est devenue l'enfant contre qui l'on s'irrite : « Bien entendu, Caroline n'est pas prête », celle que l'on supporte tant bien que mal : « Nous attendons Caroline ». Ici encore, n'y a-t-il pas quelque chose à faire, quelque chose à changer, en nous-mêmes ou dans notre organisation, pour que Caroline cesse d'être pour nous source de difficulté mais devienne à nos yeux une petite fille comme tant d'autres, qui nous modifie, nous perfectionne, en nous apprenant à devenir autres, nous-mêmes ? Mais cela, comment le faire ?

« Il était une fois une petite fille appelée Ellaelle, qui voyait sa mère comme un monstre horrible à neuf têtes. [...]

Cette petite fille était vraiment en difficulté car elle ne savait pas à quelle tête obéir.

Quand elle choisissait de satisfaire la première tête, c'était la troisième et la cinquième qui n'étaient pas contentes.

Quand elle faisait son possible pour satisfaire la quatrième ou la sixième, c'était la septième et la neuvième têtes qui se manifestaient.

Cette petite fille avait même imaginé de devenir folle pour échapper à toutes ces têtes. Elle avait rêvé de devenir nulle, inintelligente, inexistante. Oui c'est ça : ne pas exister pour ne plus souffrir. »

Jacques Salomé, *Contes à guérir, contes à grandir.*

Et tous les autres...

Le problème est bien là. Qui sont-ils, tout au fond, ces enfants si différents et pourtant si proches ? Qu'attendent-ils de nous ? Que pouvons-nous pour eux ?

Visage hostile de ce garçon que pourtant je verrai chaque semaine, chaque jour ; visage clos que j'aimerais voir s'éclairer d'un sourire, et peut-être ce sourire ne me sera jamais donné ; visage toujours rieur, et qui jamais ne se livre ; visage au regard perdu, et qu'y a-t-il dans ces yeux vides ? Visage de colère, de haine, mais qui peut-il haïr aussi fort, et pourquoi ? Visage de désespoir, mais de quoi, de qui désespère-t-il ?

Certes, tous ne nous sont pas donnés ensemble. Dans un groupe, cette année, deux enfants nous posent des problèmes. L'an prochain, il y en aura un seul. Une autre année moins faste, ils seront un peu plus nombreux. Mais quel que soit leur nombre, quelle que soit la force du problème qu'ils posent, il nous faut à tout prix nous interroger et rechercher en eux et en nous, et dans nos méthodes, nos techniques, et peut-être ailleurs encore une réponse.

Ce sont ces chemins incertains vers eux, ce mouvement, cette espérance, que nous allons maintenant tenter de découvrir. Je le ferai avec ce que chaque jour mon expérience de psychothérapeute m'enseigne ; avec ce qu'elle peut éclairer, se mettant de la sorte au service de ce qui chez ces autres compagnons de l'enfant, ses éducateurs, est indispensable pour qu'ils s'épanouissent et puissent grandir, trouver leur place parmi les autres, la trouver et la prendre.

« Ça fait mal de naître ? »

CHAPITRE II

VRAIMENT, ILS SONT TROP DIFFICILES !

« “Le connaître” : tel est actuellement et toujours le vœu de beaucoup. Des sentiments violents surgissent chez ceux, coupables d'ignorance, qui viennent demander du savoir à l'Université : “Je ne sais pas qui il est, cet étranger qui cause mon désarroi. Il me surprend, il me déroute, cet autre que moi pourtant si différent. Je l'avais cru reflet de mon miroir, alors que l'image qu'il me renvoie se brouille, je ne le (me) reconnais plus. Il m'échappe, n'est jamais là où je souhaite qu'il soit. Qui me rassurera, dissipera le désarroi où il me laisse, quand il ne devient pas ce que je veux ?” »

Mireille Cifali, « L'infini éducatif : mise en perspective », in *Les trois métiers impossibles.*

Revoir nos options premières

« Je n'ai absolument pas changé depuis l'époque où j'étais cheftaine de louveteaux », me disait un jour une mère de quatre enfants, âgée d'une quarantaine d'années. « J'ai toujours les mêmes principes d'éducation. J'ai toujours rêvé d'une famille généreuse où tout appartiendrait à tous, et où chacun se sache responsable. C'est ce que nous avons réalisé et j'en suis très heureuse. »

Je devrais me réjouir de ce que madame M. a su réaliser son projet et se retrouve fidèle à ce qu'elle a toujours été, à un certain idéal de vie, visant à une bonne insertion dans la société, à une activité généreuse. Et pourtant je ne me réjouis pas. Bien plus, j'éprouve un réel malaise.

Est-il bon en effet que nos options premières ne soient jamais remises en question, que la vie se fige sur une conception élaborée ou acquise à vingt ans ? Est-il normal que le contact avec des vivants, des enfants en pleine évolution, ne déforme pas, ne transforme pas notre projet initial ?

Ce bel idéal des vingt ans, ne conviendrait-il pas que la vie lui impose un modelage nouveau, un visage nouveau ?

Je n'ai plus le visage de mes vingt ans, ceci est normal. Je garde la trace des rires, des sourires, des larmes, de la vie en un mot, telle que je l'ai vécue au contact des autres. N'est-il donc pas bon aussi que je garde la trace de la découverte de cette réalité vivante que sont mes enfants, avec leurs exigences, leurs révoltes, et leurs créations absolument originales ?

Voici pourquoi l'assurance, la rectitude, le fixisme que proclame fièrement madame M. me gêne. J'aimerais qu'elle me dise : « Mon fils aîné s'est toujours refusé à donner aux autres l'ours que son parrain lui avait offert ; cela m'a révoltée ; mais finalement j'ai compris que peut-être je lui avais demandé, à lui qui est petit et trop sensible, quelque chose qui était au-dessus de ses forces. »

Peut-être madame M. n'a-t-elle que des enfants très faciles. Peut-être aussi n'a-t-elle pas su voir les petits drames vite étouffés qui pourtant se faisaient jour autour d'elle. Je ne sais. Ce que je sais, en tout cas, c'est qu'un éducateur qui rencontre un enfant difficile ne peut pas demeurer inchangé sans dommage.

« Il était une fois une petite fille de lézards qui n'arrêtait pas de bouger. Et vous savez que ça bouge beaucoup, un lézard. Mais elle, elle ne tenait pas en place. Elle s'agitait comme mille lézards ! D'ailleurs ses parents étaient très inquiets. Ils croyaient que c'était nerveux, que c'était une espèce de maladie. Qu'il fallait montrer leur fille au médecin des lézards ou à des "psychiatro-lézards". Bref, ils étaient complètement atterrés, c'est-à-dire accablés, inquiets, immobiles. Ce qui n'est pas rien, pour un lézard. [...]

Ce que les parents lézards ne savaient pas, c'est que la petite lézarde était pleine de doutes. En remuant beaucoup comme cela, elle cherchait sa vérité.

Elle cherchait à savoir si ses parents étaient vraiment ses parents. Bien sûr, elle, elle les appelait dans le langage des lézards : papa et maman, mais tout au fond, très caché, il y avait ce doute.

"Est-ce que mon papa et ma maman sont bien mes parents ?"

En s'agitant, elle tentait de faire la preuve qu'elle n'était pas comme les autres lézards de sa famille. Eux, ils ne bougeaient pas comme cela, ils ne s'agitaient pas de la même façon, ils n'étaient pas aussi nerveux, eux... Vous l'avez compris, cette petite lézarde était vraiment extraordinaire. Elle cherchait dans tous les sens sa vérité. Elle voulait comprendre d'où elle venait. C'était pour ça qu'elle se débattait dans toutes les directions. »

Jacques Salomé, *Contes à guérir, contes à grandir.*

« Ça n'existe pas une mère qui oublie un de ses enfants ou qui lui préfère les autres... Une mère qui vous enlaidit à plaisir... vous humilie, vous ridiculise et vous abandonne quand vous auriez le plus besoin d'elle. »

Marie Brantôme, *Avec tout ce qu'on a fait pour toi.*

Démunis devant l'imprévu

Le propre en effet du révolté, de l'agressif et de maints autres, c'est qu'ils ne peuvent en aucune façon se couler dans le moule que nous leur avons préparé. L'enfant difficile m'interpelle de manière inattendue. Si j'ai toujours cru possible d'obtenir un silence réel chaque fois que je parle, me voici bien démunie devant ce petit garçon sans vergogne qui ne se gêne en rien pour parler en même temps que moi, malgré gronderies, punitions et appels à la bonne volonté.

Si j'ai toujours été entourée d'enfants simples qu'un compliment réjouissait, ma naïveté va battre en retraite devant celui qu'un compliment révolte ou irrite. Il en va de même dans bien des situations imprévues où m'entraînent ces enfants terribles.

Je sais bien qu'une solution rapide et grossière peut

être de les balayer, d'affirmer que l'on n'en tirera jamais rien et d'essayer de les oublier, pour autant qu'ils se laissent oublier. Vraiment, « ils sont trop impossibles ! » Parfois, on leur imposera une discipline si forte qu'effectivement ils rongeront leur frein en silence. Et celui qui aura obtenu ce résultat pourra peut-être se glorifier d'avoir su « prendre » ou « mater » l'enfant rétif. L'honneur est sauf. Le principe de l'ordre, sauf aussi. L'éducateur a fait un bon travail de dressage. Il est même renforcé dans ses premières positions. Dirais-je qu'il stagne ? Qu'il a perdu une occasion de mesurer l'échec des bons principes, et une occasion de découvrir sa pauvreté à la lumière d'une expérience certes difficile mais qui aurait pu être plus enrichissante pour tous ? J'en suis bien tentée.

J'imagine ce que peut comporter de dangers, de fausse interprétation ce dernier paragraphe. L'on pourrait en effet croire que je souhaite que le malheureux éducateur batte en retraite, batte sa coulpe, et se laisse conduire par l'enfant terrible là où celui-ci voudra l'emmener. Qu'il se laisse prendre dans ses rets, se perde en un mot. On se doute qu'il n'en est rien.

Quel bien en effet peut apporter à l'enfant nerveux, difficile, instable, peu sûr de lui, un adulte encore plus nerveux et moins sûr de lui ?

L'instabilité est un mal contagieux, et qui s'accroît dans une véritable réaction en chaîne. L'éducateur devrait être sensible à la dimension d'appel de cette instabilité.

« Le jeu peut-il exister si l'aire de jeu n'est pas délimitée, si la règle n'est pas donnée, si le partenaire n'est pas nommé ? La turbulence qui fait la réputation de cet enfant ne signe-t-elle pas sa facilité à multiplier les réponses agies ? A quoi répond-il ? Que ne veut-il pas entendre ? Ne serait-ce pas un appel [1] ? »

Qu'à l'instabilité de l'enfant réponde le manque de maîtrise de son éducateur, l'enfant sent que sa brève victoire a fait perdre pied à l'adulte, cet adulte qui devrait être stable et solide – la seule sécurité de l'enfant déjà si fortement insécurisé s'écroule. En même temps qu'il travaille à saper l'autorité qui lui pèse, il regrette inconsciemment que cette autorité lui fasse défaut. Et l'adulte qui croit avoir fait don de son indulgence à l'enfant difficile, ne lui a en réalité rien offert que sa faiblesse et sa fragilité. Faiblesse et fragilité qui, augmentant l'instabilité de l'enfant, ont pour unique effet de provoquer un nouveau caprice, un nouvel affrontement. Le tuteur a fait défaut à la plante trop faible – et la tige est menacée de rupture.

Ainsi, nous écartons l'attitude rigide de l'adulte sûr de lui-même, attaché à ses principes. Mais aussi et en même temps, nous écartons l'attitude trop souple de celui qui se laisserait entraîner par l'enfant là où celui-ci veut le conduire.

Le premier a confondu force et rigidité, le second a confondu souplesse et faiblesse.

Or, il est indispensable que l'éducateur de l'enfant difficile soit à la fois force et douceur, souplesse et solidité.

1. Colette Fiatte, *L'adolescent dyssocial. Les avatars du narcissisme primaire.*

Il lui faut consentir surtout à mettre en question l'opinion qu'il a de lui-même, de la relation idéale entre adultes et enfants, de la bonne organisation de ses interventions quelles qu'elles soient, et de la distribution des tâches. Peut-être alors deviendra-t-il plus inventif, sortira-t-il de la routine, découvrira-t-il sous la pression et à cause de l'exigence d'un seul, un nouveau mode de relation dont tous bénéficieront, un nouveau mode d'enseignement plus vivant, plus actif, plus créatif. Peut-être même se découvrira-t-il des défauts jusqu'alors ignorés, et surtout des qualités qu'il n'avait jamais eu le loisir ou l'occasion d'exploiter.

Mais cela il ne le pourra avec justesse que s'il est assez fort pour se maîtriser lui-même avant de chercher à maîtriser l'enfant – pour regarder et chercher à comprendre en même temps qu'il agit. Car le regard de l'éducateur doit aller au-delà du comportement de l'enfant. Il doit aller à ce que cache ou exprime l'enfant difficile. Ainsi, comme nous l'indique Maud Mannoni, tout enfant passe par des conflits internes nécessaires :

« Freud a montré l'importance des premières années de la vie chez l'être humain. L'enfant doit passer par des conflits qui lui sont nécessaires. Ce sont des conflits identificatoires, et non des conflits avec le réel ; et si le monde extérieur est ressenti par l'enfant tour à tour comme bienveillant ou comme hostile, nous savons bien que ce n'est pas là une situation biologique, ou animale, de "lutte pour la vie", mais une situation imaginaire qui doit peu à peu se symboliser [2]. Dans ses rapports avec ses parents, l'enfant doit apprendre à quitter une situation duelle (de fascination imaginaire) pour s'introduire à un ordre ternaire [3] – c'est-à-dire structurer l'Œdipe, ce qui ne peut se faire que par son entrée dans l'ordre du langage [4]. »

A tous les enfants qui nous sont confiés nous devons d'être bons éducateurs et bons pédagogues. Chacun doit tout particulièrement à ces enfants impossibles, à ces enfants terribles, d'être bon psychologue. Ce qui ne signifie sûrement pas, je le répète, que l'éducateur a mission de porter un diagnostic du cas difficile ! Les fonctions de psychologue ou de psychothérapeute et celle d'éducateur sont différentes et il ne s'agit pas de les confondre. Quelle tentation pour un éducateur attentif, cultivé, ayant des connaissances, de se convertir en thérapeute, d'observer, d'examiner, d'analyser, et d'oublier d'agir, d'oublier son juste rôle !

L'enfant et sa famille attendent de lui qu'il soit un éducateur. Qu'il enseigne bien s'il doit enseigner (« Elle nous apprend bien, ma maîtresse ! » dit fièrement un

2. Symboliser : L'enfant peut être amené à vivre des craintes, à expérimenter des désirs ou des fantasmes qui sont parfois trop « réels », trop présents dans son expérience. « Symboliser », c'est arriver à prendre un peu de distance par rapport à cet imaginaire envahissant.

3. Ordre ternaire : Passer de la situation à deux du nourrisson avec sa mère à la situation « triangulaire », dans laquelle l'enfant plus âgé se situe par rapport à ses deux parents.

4. Maud Mannoni, *L'enfant, sa « maladie » et les autres.*

enfant) ; que l'atelier de peinture ne se convertisse pas en thérapie de groupe mais qu'on y enseigne plutôt à l'enfant à se servir des couleurs pour exprimer au mieux ce qui en lui est parfois retenu. Que le catéchiste ouvre l'enfant à la vie spirituelle, à une connaissance, une réflexion intime. Sa mission est d'annoncer l'Evangile, d'éveiller l'enfant et de le guider sur les chemins. C'est pour cela, et c'est parce qu'il aime l'enfant qui lui est confié que le catéchiste doit être fin psychologue et bon pédagogue. Il se situe en ce point où convergent son amour pour l'enfant et son amour de Dieu, point névralgique de sa vocation propre. Cela, il se doit de le tenir. L'enseignant, l'animateur, le catéchiste doivent donc avoir, pour cet enfant mal adapté, un regard affiné qui leur permette de reconnaître ce qui suscite particulièrement révoltes ou bouderies ; il leur faut reconnaître sur le visage de l'enfant l'expression prémonitoire de troubles ; et chercher à amener intelligemment la détente souhaitée pour le bien de tous.

« Quand la mentalisation [5] fait défaut, l'expression pulsionnelle est directe, immédiate et sans préalable. L'agir semble constituer alors une forme de remémoration du chaos interne, de la confusion, là où l'angoisse est intense. La mise en comportement enivrante qui se déploie alimente la pensée magique de l'enfant : son omnipotence est magnifiée, l'idée grandiose de soi se trouve confortée. Le sentiment de toute-puissance, sur les personnes comme sur les objets, émerge sans cesse cherchant à prendre forme dans le réel. Ces manifestations spectaculaires interpellent l'entourage, le déconcertent, voire l'agressent. "Il faut faire quelque chose." Les réponses agies font souvent écho ; réponses souvent contre-agressives, quelquefois rejetantes. L'enfant attend une aide, un support, il souhaite qu'on le prenne en main, que la faille soit comblée. Lorsque le milieu ne répond pas à cette attente, lorsque des séparations incisives interviennent, lorsque le milieu s'effondre, se désagrège à ce moment-là, alors commence le cycle des rejets-exclusions qui renforcent le magma interne et sa mise en actes [6]. »

5. Mentalisation : La possibilité de penser les désirs, les pulsions, les douleurs, plutôt que de les extérioriser par des actes.
6. Colette Fiatte, *L'adolescent dyssocial. Les avatars du narcissisme primaire.*

Des conversions successives

Mais cela, comment y parvenir ?

Avec beaucoup d'attention ; d'attention vraie, c'est-à-dire d'amour. Non pas l'attention qui serait guidée par l'idée de « Pourvu que ça se passe bien aujourd'hui », mais celle qui pourrait s'exprimer ainsi : « Est-ce que Pedro est en forme aujourd'hui ?... non, il a son visage des mauvais jours. Qu'est-ce que je peux faire pour le détendre un peu, pour l'atteindre, le rejoindre ? » Dans un cas, c'est la peur qui anime. Dans l'autre, c'est l'espoir et l'amour. Or, les enfants savent très bien reconnaître les sentiments de leur entourage, les distinguer. Celui qui découvre que l'adulte a peur de lui use de sa force, et cela d'autant plus volontiers qu'il a des tendances agressives ou sadiques. Certes, celui qui se découvre aimé peut chercher à user de cette force nouvelle et parfois inhabituelle pour plier l'adulte à son caprice. C'est le rôle de celui-ci de savoir agir, comme nous le disions précédemment, avec souplesse et fermeté ; de ne pas se faire le prisonnier, l'otage de l'enfant-problème. Sans cesse le groupe doit lui demeurer présent pour la sauvegarde de chacun, sa sauvegarde personnelle.

Parfois c'est une gageure. L'équilibre entre tous ces facteurs est impossible à tenir. Parfois il faudra revoir les conditions du travail avec le groupe, voire les changer. Car tout groupe est animé par une dynamique qui lui est propre et dont il faut tenir compte, impérativement. Il y a des lois de la vie des groupes à respecter. Tenir compte des limites du groupe. Tenir compte de ses propres limites. Mais aussi et en même temps chercher à entendre, à rejoindre, à comprendre, quand faire se peut, ce qui se passe au cœur de l'enfant difficile.

Si la première conversion de l'éducateur est de consentir à quitter ses principes, ses idées toutes faites, ses désirs d'ordre absolu, de consentir à ne pas croire que tout est perdu parce qu'une leçon a été perturbée, sa deuxième conversion consiste à entrer en communication avec cet enfant difficile qui lui est donné, et à comprendre ce qui se passe en lui. Ceci ne peut se faire qu'au prix d'un effort du cœur et d'un effort de l'intelligence. Que découvrira-t-il ?

CHAPITRE III

QUE VEULENT-ILS AU JUSTE ?

« Sophie se tut ; elle continua à regarder la boîte à couture, puis elle la redemanda à sa maman plus de dix fois. La maman, impatientée, la renvoya dans le jardin.

Sophie ne joua pas, ne se promena pas ; elle resta assise sur un banc, pensant à la boîte et cherchant les moyens de l'avoir.

"Si je savais écrire, dit-elle, j'écrirais à papa pour qu'il m'en envoie une toute pareille : mais... je ne sais pas écrire ; et, si je dictais la lettre à maman, elle me gronderait et ne voudrait pas l'écrire... Je pourrais bien attendre que papa soit revenu ; mais il faudrait attendre trop longtemps et je voudrais avoir la boîte tout de suite..."

Sophie réfléchit, réfléchit longtemps ; enfin elle sauta de dessus son banc, frotta ses mains l'une contre l'autre et s'écria :

"J'ai trouvé, j'ai trouvé. La boîte sera à moi."

Et voilà Sophie qui rentre au salon. La boîte était restée sur la table ; mais la maman n'y était plus. Sophie avance avec précaution, ouvre la boîte et en retire une à une toutes les choses qui la remplissaient. Son cœur battait, car elle allait voler, comme les voleurs que l'on met en prison. Elle avait peur que quelqu'un n'entrât avant qu'elle eût fini. Mais personne ne vint ; Sophie put prendre tout ce qui était dans la boîte. »

La comtesse de Ségur, *Les malheurs de Sophie.*

« Des fois je me dis
que ma petite sœur
elle aurait bien mieux fait
de pas naître...
ou de mourir dans le ventre
de ma maman. »

Nous voici donc à nouveau devant Caroline, Matthieu, Clara ou Pedro. Mais cette fois, avec une interrogation précise.

Il ne nous suffit plus d'observer leur comportement, de savoir que le problème qu'ils nous posent est celui d'une mauvaise adaptation au groupe et aux tâches que nous croyons avoir à leur demander.

Il nous faut aller plus loin et nous interroger : que pense Caroline tandis qu'elle se déplace avec lenteur ? Qu'éprouve Matthieu lorsqu'il jette tout à terre ? Qu'attend Clara de ses contestations ? Que désire Pedro lorsqu'il parle sans fin ? Que ressent Gaëlle quand elle tourmente ses amies ?

En un mot, que se passe-t-il au cœur de ces enfants lorsqu'ils nous désarçonnent ? Que s'est-il passé qui les conduise à être ce qu'ils sont ? Quelle est leur demande ?

Nous poser ces questions, c'est chercher à sentir ce qui est sous-jacent à leur attitude, à comprendre le fond de leur appel et la signification de leur cri, tantôt retenu et inaudible, tantôt perçant et désordonné, cri toujours déchirant.

Car certains parmi eux sont passifs, nous l'avons vu. D'autres sont actifs et dynamiques. Certains tournent leur agressivité contre les autres. D'autres semblent la tourner contre eux-mêmes. Certains enfin sont joyeux, en apparence toujours gais ; d'autres, sombres, se complaisent apparemment dans le drame. Mais tous nous appellent également.

« Guillou voyait le tricot marron de son père se courber entre les tombes, se relever, il entendait grincer la roue de la brouette. Demain, il serait livré à l'instituteur rouge. L'instituteur pourrait mourir subitement cette nuit. Il se passerait peut-être quelque chose : un cyclone, un tremblement de terre... Mais non, rien jamais ne ferait taire cette voix terrible de sa mère, rien n'éteindrait ces yeux méchants rivés sur lui qui le rendaient conscient à la fois de sa maigreur, de ses genoux sales, de ses chaussettes retombées ; alors Guillaume ravalait sa salive et pour désarmer son ennemie essayait de fermer la bouche... Mais la voix exaspérée éclatait (et il croyait l'entendre encore dans ce petit cimetière où il grelottait) : "Va-t'en où tu voudras, mais que je ne te voie plus". »

François Mauriac, *Le sagouin.*

L'enfant passif

Il est certain qu'un lambin, un silencieux, un inactif, s'ils nous interpellent, ne le font pas avec l'insistance et la nécessité absolue de réponse immédiate qu'exigent le violent, l'agressif, ceux-là mêmes que parfois nous aurions tendance à qualifier de sadique ou de pervers, et qui peut-être le sont, au sens proprement psychopathologique du terme.

C'est à ces enfants dont la passivité cause peu de troubles apparents dans leur entourage, ces enfants parfois si calmes et discrets qu'ils se laissent oublier, que nous allons nous attacher en premier lieu.

Que faut-il comprendre en ce qui les concerne ?

Souvent il s'agit d'enfants au tempérament effectivement plus passif que d'autres, aux réactions nerveuses, motrices, ralenties et souvent maladroites, mal coordonnées. Il leur serait impossible, pour des raisons constitutionnelles, d'être plus rapides ou plus actifs. Et il nous faut bien l'admettre.

Cependant, ces premières difficultés sont généralement renforcées par de mauvaises conditions psychologiques. L'enfant n'a aucune confiance en lui-même. Il a peur de se tromper, peur de mal faire ; et il est inhibé, empêché par cette crainte. Telle cette petite fille très lente, répondant un jour à sa maîtresse qui la houspillait : « Oh, je vous en supplie, ne me dites pas de me dépêcher parce qu'alors ça sera pire que tout ; ça fera une vraie bouillie. » Elle disait cela sans agressivité aucune, mais avec une certaine angoisse, sachant bien par expérience que le fait de se sentir regardée, attendue, était pour elle une nouvelle difficulté qu'elle avait du mal à surmonter.

Je ne peux évoquer ces lents, sans entendre cette jeune mère active et énergique se désespérer au sujet de son petit garçon : « Tristan me met toujours en retard : il met un temps fou pour lacer ses souliers. Alors j'en ai assez de l'attendre : c'est moi qui l'habille, c'est moi qui lace ses souliers, c'est moi qui boucle son sac ; c'est moi qui fais tout à sa place. Je perds du temps, mais au moins c'est fait, et finalement j'y gagne. »

Mais quand Tristan est dans la salle de gymnastique ou sous la tente, qui boucle son cartable, qui ouvre et range sa trousse, qui cherche la bonne page, qui ramasse ses vêtements, qui lace ses chaussures, qui range son sac à dos ? Personne. Et Tristan se sent encore plus démuni.

Imaginons que l'on nous demande une accélération brutale de notre rythme de vie naturel ; qu'au lieu de marcher, il nous faille sans cesse courir ; qu'au lieu d'écrire selon notre habitude, nous soyons obligés de suivre une dictée extrêmement rapide, etc. Nous nous retrouverions vite épuisés, incapables de comprendre quoi que ce soit à ce que nous faisons. Nous abandonnerions au bout d'un moment, nous nous coucherions au bord du chemin en attendant de reprendre notre souffle, nous admettrions que c'en est fait, nous n'écrivons plus, et rêverions doucement de quelque pays heureux où l'on peut enfin prendre son temps pour tout. Mythe des îles ensoleillées où rien ne presse, où la vie est simple et aisée, dont on berce certains citadins blessés par l'accélération de la vie des cités modernes.

Tristan, Caroline, à leur manière, s'évadent d'un monde dans lequel ils se sentent de plus en plus inadaptés. Peut-être un peu plus d'invention de notre part dans le type de travail ou d'activité demandé, un peu de liberté dans notre attitude à leur égard, seraient-elles un moyen de leur permettre d'être enfin à leur aise quelque part. Certes il est plus facile au thérapeute seul avec son patient de le laisser prendre son temps. Mais quelle libération pour l'enfant ainsi respecté ! Ne faudrait-il pas parfois que l'éducateur invente des tâches aux exigences moindres pour l'enfant lent... et se garde de le souligner.

Mais cela n'est possible qu'à la condition que profondément l'éducateur accepte que le rythme de vie, de mouvement, de réflexion de tel ou tel enfant ne soient ni les siens ni ceux de la majorité de ses camarades. A condition aussi que le système éducatif le lui permette. L'école ne rend pas toujours possible une telle adaptation. D'autres instances éducatives, plus libres, devraient l'offrir. A nous d'y veiller chaque fois que nous pouvons le faire.

Peut-être même chacun aurait-il quelque chose à gagner à apprendre la saveur d'un geste ralenti ? « Chacun va tout doucement, tout lentement, une fois dans la journée, fait tel geste, le mieux possible. On essaie de faire ça et on fait bien attention à ce que fait la main, le doigt, le pied... » C'est l'acheminement vers certaines techniques de prise de conscience de soi !

« C'est un p'tit oiseau
Qui prit sa volée.
Qui prit sa,
A la volette,
Qui prit sa volée.

Il prit sa volée
Sur un oranger.
Sur un o,
A la volette,
Sur un oranger.

La branche était sècle,
L'oiseau est tombé.
L'oiseau est,
A la volette,
L'oiseau est tombé.

Mon petit oiseau,
Où t'es-tu blessé ?
Où t'es-tu,
A la volette,
Où t'es-tu blessé ?

Je m'suis cassé l'aile
Et tordu le pied.
Et tordu,
A la volette,
Et tordu le pied.

Mon petit oiseau,
Je vais te soigner,
Je vais te,
A la volette,
Je vais te soigner. »

Chanson enfantine.

L'enfant ligoté

« Personne me l'a dit.
Mais moi je sais :
la maman de ma maman
elle est morte
parce qu'elle est tombée
par la fenêtre.
Des fois je me dis :
elle peut pas être tombée
comme ça, pour rien...
Alors on l'a poussée
ou elle s'est jetée ? »

Cependant, parmi les enfants passifs ou lents, le lambin n'est pas unique. Passive apparemment, cette petite fille qui ne répond jamais ; passif ce garçon qui n'a pas levé le doigt une seule fois pendant toute une année ; passif cet enfant qui jamais ne communique ni avec ses camarades ni avec ses éducateurs ; passif enfin, à notre égard, cet enfant qui joue à la récréation mais semble s'endormir dès que nous l'approchons, dès qu'il entre dans la salle de classe ou de réunion.

Certes, ces passifs ne font guère de bruit ; il serait possible de les ignorer ; il arrive, nous l'avons vu, qu'on les oublie. Mais puisque notre désir est au contraire ici de nous pencher vers eux, de les comprendre, attachons-nous à cette entreprise d'autant plus délicate que nous nous trouvons sans aucune prise.

Je pense à cette petite fille de huit ans avec qui, dans un petit groupe, j'essayais d'établir un contact. Jusqu'ici, les seuls rapports que j'avais eus avec elle se bornaient à un sourire, à un regard appuyé, attendrissant, mais sans que jamais une parole soit prononcée. A la rigueur, un oui timide de temps à autre à des questions aussi banales que : « Tu as passé un bon week-end ? » Mais s'il m'arrivait de demander : « Que vas-tu faire de ton après-midi, aujourd'hui ? » Laure se tortillait, et ne pouvait répondre. Finalement, au cours de cette difficile rencontre où je tentai de parler avec elle, rien ne vint. Pas un mot. Mais le lendemain, je trouvai dans ma boîte aux lettres un vrai journal, d'une expression remarquable, où Laure me parlait de tout ce qui l'intéressait, de ce qu'elle aimait dans la vie ; elle m'entretenait de maints projets, de soucis sérieux, de joies aussi. Cette petite fille était donc complètement inhibée sur le mode de la parole échangée. Elle ne pouvait s'exprimer devant un autre.

Emprisonnée, elle ne savait comment briser les murs de sa prison, et paraissait à tous avoir une pensée pauvre, parfois inexistante. En fait, sa pensée ne pouvait jamais atteindre l'autre. En écrivant sa longue lettre, elle avait elle-même trouvé une issue, qui en disait long sur la souffrance que devait lui causer cette absence de contact. En fait, Laure vivait dans une famille où chacun débordait d'activité. Elle y était la benjamine. Ses aînés savaient imposer, par leur verbe haut, des récits colorés, parfois brillants. Peu à peu, Laure avait pensé qu'elle, petite dernière, n'avait rien à dire qui pût intéresser qui que ce fût, que toute parole trahissait ses sentiments ou sa pensée, qu'il était inutile de dire quoi que ce soit. Elle s'était progressivement accoutumée à une image d'elle-même muette et discrète. Aucune relation ne lui était plus possible.

Tel est fréquemment le cas de nos silencieux. Pour des motifs divers, ils n'ont pas découvert que la parole est relation, qu'elle leur permet d'être reconnus ; qu'ils y ont droit, même s'ils ont parfois fait l'expérience d'une parole maladroite que nul n'écoute. « Moi, on ne m'écoute jamais à table. » N'ayant pas pris l'habitude de l'expression verbale directe, ils se trouvent malhabiles devant cet outil inconnu, intimidés par l'attention qu'on leur manifeste, gênés par la pensée des critiques ou des rires possibles.

Il est probable que nous ne parviendrons jamais tout à fait à apprivoiser ces passifs silencieux, ces enfants sans agressivité qui ne savent pas employer les bons moyens pour s'imposer au milieu des autres, ces oiseaux sans ailes, ces fleurs mal ouvertes aux couleurs pastel. Il est d'autant plus indispensable de découvrir le moyen de parler à leur sensibilité, d'inventer le langage qui les atteindra, celui dans lequel ils pourront enfin s'exprimer. Indispensable de leur consacrer autant de temps qu'il sera nécessaire : le temps du sourire, le temps du jeu silencieux, le temps de l'aide sans réponse.

Ici encore, au-delà de cette simple attitude de compréhension primitive, il sera nécessaire de chercher des moyens pédagogiques adaptés. Et cela ne doit jamais être négligé. Mais le moyen pédagogique le meilleur serait sans valeur et sans efficacité si cette première compréhension intime n'était réalisée, si nous n'acceptions pas d'abord de passer par le langage sans parole de l'affection et du respect.

« Combien tentent, croyant bien faire, de rapporter l'enfant, par exemple, à ce qu'ils en ont appris ? En lui, l'adulte croit reconnaître la théorie incarnée. Heureux et rassuré sur sa propre intelligence, il risque une explication : "C'est parce que", profère-t-il. Fier de ce qu'il sait, il veut prodiguer des conseils. Il ne peut comprendre que ses efforts restent sans effet, dans le meilleur des cas ; ou pis, qu'ils ne provoquent que rejet, fermeture et violences. Il tient alors en réserve d'autres explications ; puis à force de se heurter au refus de changer, il renoue parfois avec les vieilles assertions sur l'incurabilité, la méchanceté foncière, voire l'inintelligence définitive de celui qui résiste. »

Mireille Cifali, « L'infini éducatif : mise en perspective »,
in *Les trois métiers impossibles.*

L'opposant passif

« Lucas mon frère, c'est bizarre. On dirait qu'il n'y a plus que lui qui compte maintenant. Nous autres, elle s'en fiche ma mère... on dirait. »

Le problème est un peu différent lorsqu'il s'agit d'un faux passif, ou plutôt d'un passif passager. Je veux dire, lorsqu'il s'agit d'un enfant normalement plein d'entrain et dont la passivité ne s'éveille qu'à l'instant où il entre dans la salle de classe ou dans l'atelier, à l'instant où nous l'abordons. Ne nous y trompons pas : une telle attitude est une attitude de refus, que ce refus soit volontaire et conscient, ou qu'il soit involontaire. Mais c'est un refus à n'en pas douter.

•

Que refuse-t-il donc, cet enfant déroutant ?

Sa présence dans le groupe ? Le message qu'est supposé lui livrer le maître, ou l'animateur, ou le catéchiste ? L'éducateur lui-même, qu'il n'aime pas ? L'exigence de ses parents, ou de l'école, ou des deux à la fois, qui le placent ici dans ce lieu qu'il refuse ?

Tout cela est également possible. Ainsi, s'il est passif en classe et dans toute situation éducative, il est probable que c'est la relation avec l'adulte éducateur, avec tout éducateur, qu'il rejette. Si, au contraire, sa passivité est une attitude limitée au temps de la catéchèse, il est vraisemblable que c'est ce qui se trouve lié soit au cadre de la catéchèse, soit à son contenu, soit à la relation catéchétique elle-même qu'il ne peut accepter. Les motifs en sont divers : il vient en catéchèse à la demande de son père avec qui il ne vit pas, et sachant que sa mère obéit sans donner un accord profond. Et vice versa. Ou encore on le confie à une « école privée » parce que là, dit-on, il sera bien encadré : l'enseignement est « plus sérieux » ; les effectifs sont moindres ; mais sa famille est indifférente, voire hostile à l'éducation religieuse, ne partage pas la foi de ses éducateurs religieux.

Comment ces enfants-là ne se vivraient-ils pas comme des enjeux, et n'entendraient-ils pas la religion comme une comédie dans laquelle ils refusent d'entrer ? Il en va de même pour ceux dont la famille – il en existe encore – utilise des arguments à tort et à travers pour exercer sur eux une pression morale. Dans tous les cas, c'est l'insécurité. La solution est de rentrer dans sa coquille.

N'aurions-nous pas cependant une autre voie de salut pour ces enfants ? Comprendre ce qui les gêne, nous intéresser à eux profondément, les intéresser à nous, c'est là une condition d'approche vraie ; une voie de libération, une issue peut-être pour ces enfants qui s'emprisonnent pour se protéger [1]. Et pour les comprendre, il nous est bon de parvenir à imaginer ce qu'ils sont et ce qu'ils vivent. D'expérimenter au moins en l'imaginant ce que c'est que de se taire, de ne pas pouvoir, de ne pas savoir parler de soi ; ce que c'est que de se sentir tantôt violé, tantôt ligoté, en tout cas enfermé, enclos, accroché à ces murs protecteurs qui parfois deviennent prison.

1. Certes tout ceci peut être insuffisant – mais est en tout cas nécessaire.

« Toujours la même rengaine ! Nous ceci, nous cela... Pas le droit de pleurer. Pas le droit de rire. Pas le droit de chanter. Impassible. C'est "son" mot.

Je suis allée pleurer et crier au parc. Fort, très fort, comme une folle. »

Marie Brantôme,
Avec tout ce qu'on a fait pour toi.

Les combatifs et les agressifs dynamiques

« Vous croyez, vous, que je suis méchante ? »

Ces questions du sens, nous sommes en droit et en devoir de nous les poser aussi lorsque l'enfant qui nous fait problème est un brise-fer, un agité, un combatif au-delà de tout ce que nous pouvons ou croyons pouvoir supporter. En effet, nous l'avons vu, de même que certains enfants semblent avoir un faible tonus, de même d'autres, tout à l'opposé, sont des rapides, des actifs, armés d'un dynamisme à toute épreuve, en même temps bien souvent que d'une certaine maladresse qui jamais ne les tempère. Accepter la lenteur de certains, cela suppose que nous acceptions aussi l'hyperactivité des autres, même si, pour le bien commun, nous avons l'espoir et le devoir de les apaiser quelque peu.

Ici encore, la première règle de nos relations avec ces enfants épuisants est, tout en leur imposant une discipline nécessaire, de ne pas faire de l'ordre préétabli le dieu du groupe. Il nous faut certainement chercher par quelle méthode pédagogique pourra être canalisée la force dont ils ne savent que faire, mais avant toute chose, nous apprendrons à les distinguer clairement de ceux, plus complexes, dont la violence est signe de malaise.

Allons donc plus loin et cherchons à comprendre la nature de ce signe. En un mot, que recouvre l'envie de tout casser ?

« Moi : May. C'est bien moi, là devant. J'ai peine à le croire. Que j'existe. Pourtant je le vois bien dans le miroir, là, que c'est moi qui parle et qui écris. Je passe la main et le reflet ne s'efface pas. Je tire la langue. J'existe, moi.

Et sous la pierre là-bas c'est Lili-Mimi-Guigui. La petite enquiquineuse. A moi. Ma petite potelée aux bonnes joues à baisers et grosses larmes et grands yeux noirs. Comme ses mains. Qui s'essuient partout sur moi.

S'essuyaient.

Plus jamais. Ni taches, ni cahiers gribouillés, ni "Tu viens jouer ? diiiiis ?" Ni cris, ni pleurs, ni rires, ni chair douce à caresser. Ni câlin-câline sur les genoux. Rien.

Qu'est-ce que ça veut dire, rien ? »

Marie Brantôme, *Avec tout ce qu'on a fait pour toi.*

Les mal-aimés et les frustrés

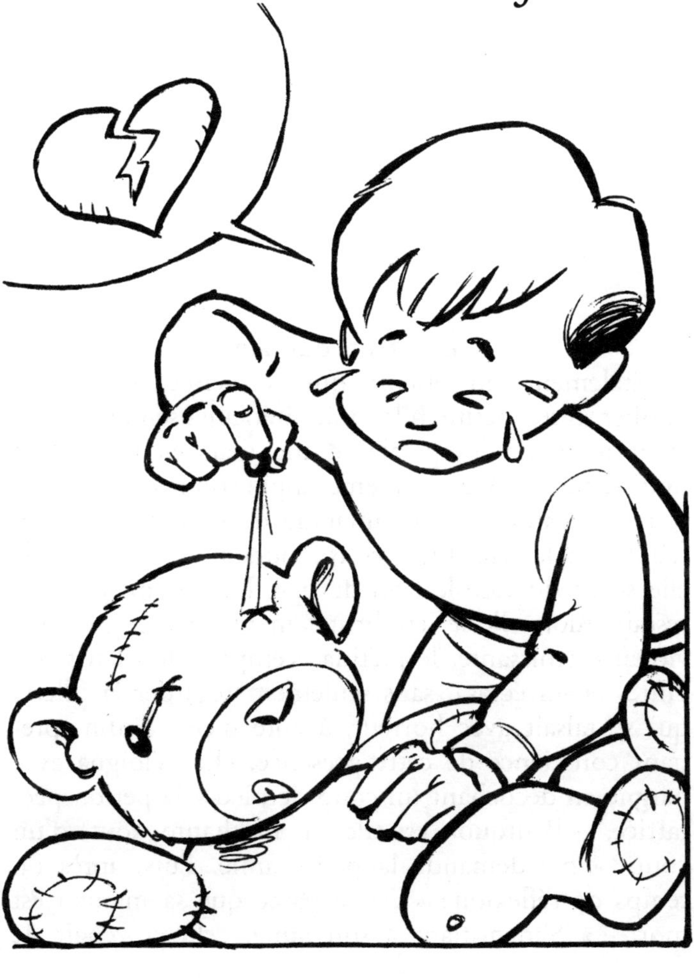

L'enfant qui aime à détruire est généralement un enfant qui se venge. Comment oublier cette petite fille qui, méticuleusement, arrachait un à un les pétales d'une fleur en plein épanouissement ? Avec la même application, elle détacha sous l'œil ahuri de sa camarade de jeux chacune des feuilles de la tige. Et, avec toujours autant de sérieux, elle sortit du vase le brin de tige, long et maigre, qui restait. Alors elle le jeta brutalement à terre, avec une violence croissante, le piétina, s'empara des fleurs restantes et les écrasa, sans seulement regarder la fillette qui se taisait avec horreur, à côté d'elle. Enfin, prenant conscience de cette présence, elle s'éloigna avec hargne en décochant un coup de pied à la petite spectatrice. « Pourquoi est-elle si méchante tout d'un coup ? » me demande la petite amie. Puis, après un temps de réflexion : « Est-ce parce que sa maman est morte ? » S'identifiant à son amie, celle-ci venait de comprendre que l'on peut se venger sur des objets et sur des proches d'une perte vive irréparable, d'un malheur sans nom, d'une frustration inacceptable. La petite fille aux fleurs se vengeait de la mort récente de sa mère sur les fleurs vivantes, sur son amie heureuse. Elle punissait le monde de ce que les fleurs pouvaient encore s'y épanouir et les enfants toucher leur mère – les autres mais pas elle.

Combien de ces enfants difficiles, violents, agressifs, se vengent de même de ce que la vie leur refuse ce qu'ils éprouvent comme essentiel à leur bonheur ? Si Loïc aime tant détruire ce que font les autres avec amour, n'est-ce pas parce qu'il n'est pas lui-même très sûr de lui, n'est-ce pas parce qu'il n'est jamais certain de faire bien, n'est-ce pas parce qu'il serait lui-même heureux d'être apprécié ?

Mais le père de Loïc est un homme brillant qui pardonne mal à son fils de n'être qu'un petit garçon comme tant d'autres, qui fait peu de cas des réflexions de celui-ci et qui jamais ne lui manifeste d'estime. Loïc se venge de ce qu'il se sent pauvre et mésestimé par son père. Marine se venge de se sentir ou de se croire abandonnée à l'occasion de la naissance de son frère cadet, par lequel elle se croit supplantée dans l'affection de sa mère.

Christian enfin à la suite d'une faute apparemment mal pardonnée par ses parents, faute longtemps et fréquemment reprochée, se sent ou se croit rejeté.

Que dire des enfants dont les parents se sont séparés dramatiquement, déchirés, face à leur petit garçon, leur petite fille, souvent pris à témoins ou accusés et qui hésitent entre la colère et la culpabilité ?

Que dire encore de ceux-là qui, nés en France, participent de la culture dans laquelle ils baignent, l'apprécient, y construisent leur vie tout en vivant dans leur famille immigrée la culture d'un autre pays – cet autre pays présenté parfois comme le paradis perdu vers lequel on retournera, ou comme la patrie mauvaise mère à jamais quittée ? Quand la terre d'accueil et les compagnons de vie rejettent l'enfant différent, la boucle est bouclée et le déchirement total. La réponse est souvent meurtrière plutôt que d'être passive et honteuse.

« Si je pensais, si je pensais,
si je me mettais à penser,
je me demande bien
ce que je penserais !
Ça serait terrible. »

Finalement, ce qui est sous-jacent à tous ces comportements destructifs, c'est bien souvent le sentiment d'être frustré, privé d'amour, privé d'estime, privé du nécessaire pour vivre, et de ce fait détruit. C'est le mal des mal-aimés ou de ceux qui se croient tels.

Que faire pour eux ? Avant tout, les rassurer. Nous les aimons, et cela de manière inconditionnelle. Parce qu'ils sont dignes d'être aimés. Même lorsqu'ils s'opposent, même lorsqu'ils détruisent, nous les aimons. Ils ont absolument besoin de le savoir : la chaleur d'une bonne affection leur est toujours assurée. Ceci ne veut pas dire que nous leur passerons tous leurs caprices, que nous accepterons de gaieté de cœur toutes leurs incartades. Ils nous mépriseraient et notre amour leur paraîtrait bêtise, faiblesse méprisables. Il ne leur servirait donc à rien. Les aimer c'est aussi les cadrer – les contenir.

Cherchons à comprendre avec eux ce qui les a poussés à agir, sans nous appesantir sur la faute ; mais surtout, aidons-les à réparer, soit dans l'immédiat, soit plus tard. Et dans ce cas, évitons de rappeler que nous sommes en train de rattraper les dégâts accomplis la semaine précédente. L'enfant le sentira bien tout seul. Le plus important est qu'il se sente lavé, neuf, qu'une fois peut-être il construise là où il s'est complu à détruire, et cela dans le secret de son cœur, ou dans une complicité souvent muette avec nous. Si nommer est généralement bon, faire ensemble sans toujours dire est bon aussi.

« Guillou, le nez appuyé contre la vitre de l'office, regardait gicler les gouttes de pluie dont chacune était comme un dansant petit personnage. Des grandes personnes s'occupaient de lui sans cesse et elles étaient divisées à son sujet. On n'aurait pas pu l'appeler Désiré. Il aurait voulu repenser à ces histoires qu'il se racontait à lui-même, qu'il connaissait seul, mais impossible de s'évader, cette fois, à moins que l'instituteur ait maintenu son refus. Alors Guillou serait tellement heureux qu'il se moquerait bien de n'avoir pas été désiré. Il ne demandait rien que de n'être pas mêlé à d'autres enfants qui lui feraient des misères, que de ne pas avoir affaire à des maîtres qui parlent fort, qui s'exaspèrent, qui articulent d'un air dur des mots dépourvus de signification.

Mamie ne l'avait pas désiré, ni sa mère, bien sûr ! Savaient-elles d'avance qu'il ne serait pas comme les autres ? Et pauvre papa ? En tout cas, ce ne serait pas lui qui le délivrerait de l'instituteur. »

François Mauriac, *Le sagouin.*

« Il faisait très chaud, le soleil écrasait la terre, les arbres et les plantes exsudaient leurs odeurs. Les fleurs étaient des sexes tendus vers la lumière, les feuilles cachaient des accouplements secrets d'insectes aux anneaux géants, aux ailes duveteuses, qui s'unissaient dans un frémissement de kératine froissée. Les phasmes qui ressemblent à des tiges de bambou faisaient trembler leurs antennes, des mantes religieuses énormes dansaient avant de se souder pour une étrange noce, les coléoptères avaient des cornes sur le dos, sur leurs élytres des taches de couleur, et se rencontraient dans des mariages monstrueux de guerriers en armure. A la phrase anodine : "Suzanne joue dans le jardin", correspondait une réalité beaucoup moins innocente. Je ne jouais pas, je regardais, je humais ; je léchais parfois une écorce trop lisse, une feuille au goût de framboise écrasée ; je touchais, je caressais la pulpe infiniment tendre des pétales aussi doux que des muqueuses secrètes, j'écoutais bruire les bêtes des fourrés, je sentais la sève monter dans les branches en même temps que mon sang battait à mes oreilles. »

Suzanne Prou, *Le cygne de Fanny.*

La sexualité les tourmente déjà

On a beau dire que l'enfant de huit ans est au repos entre le temps des grandes conquêtes de la première enfance et celui de l'entrée dans l'adolescence, nos enfants à sept ans, huit ans, onze ans sont souvent tourmentés.

Les questions sexuelles ne leur sont pas étrangères. Parce qu'ils en entendent parler, que la presse, la télévision, la publicité affichée partout ne leur épargnent ni les vertus de telle ou telle protection périodique, ni la nécessité de se munir de préservatifs, ni l'étrangeté des baisers prolongés et des mains fouillant les dessous croustillants des jeunes femmes.

Toutefois ces images fortes n'ont de prise que dans la mesure où le quotidien de la vie pose la question de la sexualité des adultes. Et que celle-ci soit expliquée, montrée ou cachée, elle n'en est pas moins mystérieuse pour l'enfant. Aux adultes de savoir dire le mystère et le sens, de savoir entendre les vraies questions sous les sarcasmes, les provocations et les démonstrations.

Il faut ajouter que tout ceci ne se manifeste sous forme de problèmes posés à l'éducateur que parce qu'il y a problème pour l'enfant ou le préadolescent. Problèmes posés au garçon par ce sexe fantasque aux proportions variables et imprévisibles. Problèmes posés à chacun par le sexe de l'autre, objet tout à la fois de curiosité, de convoitise et parfois de dégoût. Bouffées de désirs, gestes incompréhensibles de l'obscurité, répréhensibles sans que l'on sache toujours pourquoi aux yeux de certains adultes, jugés inintéressants et sans raison pour d'autres.

Et l'éducateur, est-il toujours au clair avec sa propre sexualité ? Sait-il toujours où il en est avec ses aspirations, ses désirs, ses craintes, ses culpabilités, ses impuissances, ses choix et ses non-choix ?

Pourquoi les mots lui manquent-ils devant tel enfant ? Pourquoi se pressent-ils devant tel autre ?

Cette fillette qui a tant de mal à se reconnaître fille ne réveille-t-elle pas chez ses aînées l'ancienne difficulté à demi résolue, à demi étouffée ?

Si cet éducateur se sent muselé lorsqu'un enfant exprime sans discrétion son dégoût du corps et des choses sexuelles, ne serait-ce pas parce que, tout en affirmant la beauté des gestes sexuels, il n'y croit pas ?

Un groupe de psychologues et d'éducateurs ayant en charge des enfants difficiles notait que l'attitude physique de certaines fillettes les angoissait et les décontenançait : petites filles assises par terre, jambes grandes ouvertes laissant apparaître la culotte qui à la fois cachait et désignait leur sexe. Leur propre malaise parut rapidement un signe aux adultes qui s'en occupaient. Généralement, ces enfants aux attitudes à la fois passives et provocantes avaient été victimes de viols ou de sévices sexuels.

Il fallut aux adultes une suffisante disponibilité et une réelle simplicité pour accepter de parler entre eux de leur malaise, de leur angoisse. Pour en faire émerger le sens. Et c'est probablement de la bonne qualité de leur écoute mutuelle que put se construire et s'élaborer une écoute plus juste des enfants et de leur trouble.

Bien entendu, il ne s'agit pas plus ici qu'ailleurs de prétendre détenir une clé de décodage des attitudes, des dessins ni des songes ! Donc ne généralisons surtout pas cette constatation – hypothèse valable dans tel groupe avec tels enfants et qui ne serait peut-être pas juste ailleurs avec d'autres enfants. Cet exemple a seulement valeur d'exemple. Il vise à éveiller notre vigilance, notamment notre vigilance à notre propre égard.

Que me dit pour cet enfant cela qu'il me fait vivre ? Ce que me donne à éprouver cet enfant ne serait-il pas une occasion, pour moi, de mieux le comprendre, en me comprenant mieux aussi moi-même ?

« Est-ce que c'est pareil le bien et le mal dans le ciel et le bien pour la dame qui nous éduque (l'institutrice, "Mademoiselle" on l'appelait), parce que Mademoiselle dit qu'il y a du mal quand ce n'est pas commode pour les autres, mais moi, je ne fais pas exprès ? Alors c'est là que mon ange gardien m'a dit un jour : "Il faut bien qu'il y ait quelqu'un qui fasse gagner le ciel aux grandes personnes, alors tu en es chargée ; c'est pour ça que tu fais des bêtises, pour faire gagner le ciel aux grandes personnes." J'étais consolée et je pouvais m'endormir en paix, parce que, au fond, j'avais fait mon métier, qui était de faire gagner le ciel aux grandes personnes en étant insupportable sans savoir comment [...] parce que notre institutrice récapitulait la journée avec tout ce que j'avais fait de mal : une liste comme ça. Et de bien, trois fois rien... et encore ! Ou alors des punitions qui n'en finissaient pas, car dans la famille on avait des punitions pendant quinze jours. »

Françoise Dolto, *Enfances.*

Le fond du problème

L'enfant qui, comme Aline, tient à tout prix à attirer l'attention des autres est bien, lui aussi, de la même famille. Mais il est le cousin joyeux de notre dramatique destructeur. Se croyant peu ou mal aimé, sans intérêt pour les autres, principalement pour les adultes et ce, pour mille raisons dont les unes ont une valeur objective, et d'autres sont partiellement le fruit de son imagination, il cherche à tout prix à attirer l'attention.

Toute une gamme de comportements est à sa disposition, depuis la plus naïve pitrerie jusqu'à la vraie bêtise. Chaque fois, cet enfant nous dit : « Suis-je assez intéressant pour que tu me regardes ? M'aimes-tu un peu, beaucoup, énormément, à la folie... ? »

M'aimes-tu ?

C'est vraiment la question clé de tous les enfants terribles.

C'est même la question fondamentale de l'enfant qui se détruit lui-même systématiquement. M'aimes-tu, même si je te révèle que je ne vaux rien, même si je te montre que je me suis moqué de toi, de moi, dans mon travail ?

M'aimes-tu, même si moi je suis sûr que je ne vaux rien, rien du tout, tellement rien que je me punis d'être aussi mauvais ?

> « *Dieu m'est témoin qu'une parole de bonté, à cet instant, aurait suffi à me rendre meilleur, à me transformer peut-être pour la vie entière. Un mot d'encouragement, un souhait de bienvenue, l'assurance que cette maison était toujours ma maison, et M. Murdstone aurait pu gagner mon cœur au lieu de s'assurer une obéissance hypocrite, conquérir mon respect au lieu de s'attirer ma haine. J'eus l'impression que ma mère était peinée de me voir rester debout au milieu de la pièce avec un air timide et effarouché, et quand je me glissai vers un siège, elle me suivit d'un regard encore plus triste, regrettant peut-être de ne plus voir la même liberté dans ma démarche. Mais le mot n'avait pas été prononcé, et l'occasion en était passée*[2]. »

M'aimes-tu, toi, alors que je suis sûr, moi, que personne ne m'aime et qu'on a bien raison de ne pas m'ai-

2. Charles Dickens, *David Copperfield.*

mer parce que je suis trop méchant, trop bête, trop laid pour qu'on m'aime ? Car l'angoisse de celui qui se détruit lui-même est généralement une angoisse coupable. Il se punit de quelque méfait peut-être déjà oublié, et depuis longtemps, mais qui a laissé en lui une trace durable, le sentiment qu'il ne vaut rien, qu'il ne mérite pas de vivre. Parfois aussi, sans aucun méfait réel à se reprocher, sans reproches particuliers de son entourage, il vit dans l'obscure conviction qu'il est de trop, coupable de tout, coupable de rien. Ou plutôt coupable d'exister. Coupable d'être là, d'être lui. Coupable d'être. Avec lui, notre approche devra être particulièrement affinée. Tout peut le sauver de lui-même. Tout peut le condamner si nous n'y prenons pas garde. Encombré de lui-même, il n'est pas encore parvenu à regarder l'autre autrement que par rapport à lui-même.

L'autre est celui qui le juge, celui qui peut l'aimer ou ne pas l'aimer, celui qui veut bien l'écouter ou qui refuse de l'écouter. Le monde ne lui apparaît que comme un facteur de satisfaction ou de non-satisfaction : de ses désirs, de son besoin de sécurité, de son besoin d'amour, etc. Témoin l'enfant intarissable qui ne cesse de questionner sans seulement attendre de réponse. Celui-ci est demeuré au stade du tout petit enfant qui seul existe à ses propres yeux. Totalement égocentrique, il est à lui-même son unique intérêt, signant en cela un manque de maturité absolu.

Certes, quand une telle détresse fait raz de marée ou qu'elle est la toile de fond de la vie d'un enfant, seule une psychothérapie pourra le délivrer, le rendre à lui-même. Mais cette psychothérapie ne servirait de rien si autour de lui tout contribuait à le condamner, confirmait sa condamnation intime. Et c'est le rôle irremplaçable des éducateurs que de lui permettre, quand un jour les écailles lui tombent des yeux, de percevoir la réalité d'une terre accueillante, celle d'un regard aimant.

Les enfants terribles ont besoin de trouver ou de retrouver un monde accueillant avec qui le dialogue devienne possible, sans pour autant qu'il soit source ou confirmation d'angoisse. Le rôle des éducateurs, qu'ils aient pour objet d'éduquer l'intelligence, l'agilité physique ou la foi de l'enfant, et qu'ils aient mission de lui apprendre à vivre, agir, jouer, prier ou travailler soit seul soit en groupe, est donc d'abord de savoir entendre cela lorsqu'ils butent sur ces difficultés majeures que nous venons d'évoquer. S'ils ne parviennent pas à créer pour eux un monde plus proche, une relation moins anxieuse, une communication plus facile, sachons bien que l'annonce de l'amour des hommes ou de l'amour de Dieu ne signifiera rien pour eux. Pas davantage la proclamation de la valeur de l'intelligence et de la créativité.

Eduquer ces enfants, c'est aller les chercher en deçà de leur façade, en deçà de leur peur, en deçà de leurs rancunes ou de leurs manques ; c'est les attendre au détour de leur chemin difficile, les aimer avec générosité et intelligence. Générosité, c'est-à-dire chaleur du cœur et patience. Intelligence, c'est-à-dire attention du regard, volonté de comprendre. Dans tous les cas, il faudra à la fois apprendre au groupe à accepter l'enfant difficile et aider celui-ci à s'intégrer au groupe. Veiller à la sauvegarde de tous. Pour cela, une condition première doit être réalisée : notre propre certitude que cela est indispensable et fait partie de notre rôle d'adultes auprès des enfants, quelle que soit la fonction qui nous est impartie.

CHAPITRE IV

COMMENT LEUR REPONDRE ?

« A tous ceux qui formulent un premier questionnement : "Mais dites-nous pourquoi il ou elle est muette", "pourquoi il est agressif", "pourquoi il n'arrive pas", je réponds qu'il n'y a pas de causalité psychique simple ; derrière un symptôme se tisse l'enchevêtrement d'une histoire qui échappe au sujet et devant laquelle nous sommes ignorants même si ce qu'il donne à entendre est facilement descriptible. Je soutiens que cette parole apparemment stupide, déviante par rapport à la logique habituelle, est parole d'intelligence, d'une intelligence autre : celle de l'inconscient et du fantasme ; parole masquée qu'il s'agit d'entendre mais que nous ne pouvons réduire par avance avec notre savoir. »

Mireille Cifali, « L'infini éducatif : mise en perspective »
in *Les trois métiers impossibles.*

Accepter de croire que les enfants difficiles sont les premiers à souffrir de leur caractère et de leur comportement, chercher à comprendre sinon à interpréter l'étrangeté de leur attitude, les aimer dans cette étrangeté, voici la condition même de l'esprit d'accueil avec lequel il nous faut les aborder. C'est une condition exigeante et essentielle. Elle demande une réflexion et une disponibilité constantes. Et qui plus est, si elle est fondamentale, elle ne suffit pas.

Comment réaliser en fait au jour le jour une attitude adaptée à ce qu'attendent de nous ces enfants ? Quelles sont les qualités pédagogiques qu'ils doivent trouver chez leurs éducateurs, quels qu'ils soient ? En d'autres termes, à travers quelles attitudes concrètes quotidiennes leur ferons-nous savoir que notre réflexion, notre intelligence, nos qualités de cœur sont à leur service ?

Les enfants terribles doivent avant tout se savoir aimés. Nous l'avons dit et redit. Il est des amours relativement faciles, et qui ne demandent guère de prudence : Mathilde, Grégoire ou Karim n'abuseront pas de mon affection pour eux, car pour eux toute relation se déroule simplement et sans problème. Mais il n'en va pas de même avec Jérémie, Pedro ou Aline. Tout amour pour eux est en effet une occasion de revivre un amour déçu ou décevant, de recréer une situation semblable à celle dans laquelle ils se débattent, qu'ils voudraient résoudre, mais ne peuvent y parvenir.

L'enfant qui se croit rejeté chez lui, et qui l'est parfois, est sans cesse prêt à croire que nul ne peut l'aimer, que personne ne l'accepte. Le voici donc à la fois exigeant et revendicatif, « essayant » toute affection nouvelle pour voir si elle est capable de résister à tout, même à ses plus grosses bêtises. Suprême illogisme : celui qui commence à se découvrir aimé fait tout ce qu'il faut pour se faire à nouveau rejeter, et se repaître d'une amère certitude : « Personne, absolument personne ne m'aime ».

La triste petite fille du roman de Marie Brantôme est pétrie de douleur, pétrifiée par la douleur. Ni son père ni sa mère ni personne n'entend son désespoir qu'elle cache et masque. Il eût fallu que quelqu'un vienne s'asseoir auprès d'elle, lui tienne chaud, pleure avec elle la petite sœur perdue, espère avec elle, cherche avec elle le sens de tant de souffrance, la libère du poids du désespoir et de la culpabilité.

Il eût fallu que les adultes autour d'elle pensent d'abord à elle. Il faudrait que pour chacun de nos enfants difficiles se lève la certitude d'être aimé, compris, entendu, et cela quoi qu'il arrive.

« Qu'y a-t-il de plus triste, songeait mademoiselle, qu'un enfant tellement gavé qu'il n'a plus rien à demander ? Au fond, à première vue, il ne lui avait pas déplu. Elle se sentait presque intimidée par son regard de feu. Sans doute, l'enfant mesurait-il la force de résistance que pourrait lui opposer cet adversaire inconnu.

Soudain, d'un brusque mouvement, il disparut sous ses draps, la figure tournée du côté du mur ; et l'on ne vit plus que la boule de son corps pelotonné, sa tignasse noire, la pointe d'une oreille rouge. »

François Mauriac, *Le drôle.*

Etre attentif à la demande de l'enfant

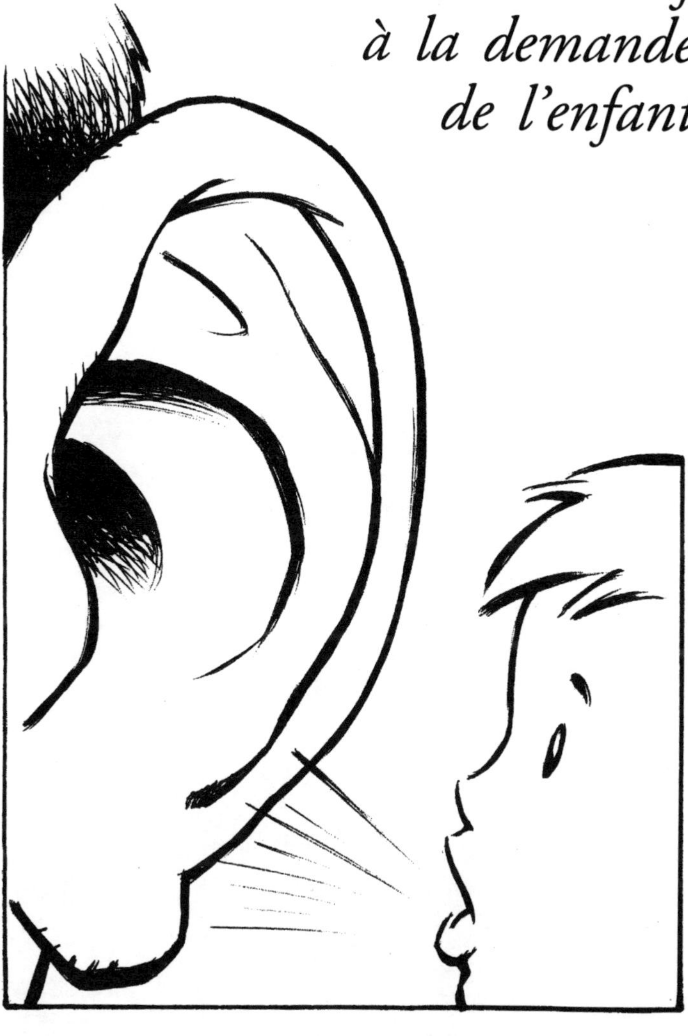

« Longtemps, le petit enfant voit dans ses parents des puissances tutélaires qui lui dispensent sans cesse leur amour et leurs soins, en échange de quoi il les revêt spontanément non seulement d'un pouvoir absolu, mais d'une capacité d'aimer et d'une perfection infinies qui les placent dans une sphère à part, bien au-dessus du monde humain [1]. »

Le problème de l'éducateur devant la question implicite « M'aimes-tu ? » est donc bien celui-ci : comment montrer à cet enfant que je l'aime sans tomber dans le piège de ses exigences plus ou moins pathologiques ? Comment l'aimer et l'aimer bien ? « Si tu ne me laisses pas faire de la peinture aujourd'hui, dit Mélanie, tu n'es pas gentille. » Et le grand mot final : « Tu veux jamais – tu ne m'aimes pas ! Je ne t'aime

1. Marthe Robert, *Roman des origines et origines du roman.*

plus. » Hélas ! cet après-midi l'animatrice avait prévu de faire faire aux enfants une activité collective. Découpage, montages cartonnés, tout est prêt : le carton, les ciseaux, la colle. Que faire sous cette attaque ? Céder ?

Il serait simple en effet de dire à Mélanie que, puisqu'elle désire vraiment peindre, on va l'installer à part, un peu plus loin. Mélanie, comblée, se sentirait aimée.

Est-ce si sûr ? Il ne serait pas étonnant au contraire que, peu de temps après, Mélanie vienne tourner autour du groupe et demande à participer à ce qui se fait, que peu à peu elle se sente et se croie exclue de la vie de l'équipe. « Vous êtes bien contents, bien tranquilles, sans moi. » On imagine vite la scène où une langue bien pendue rétorquera rapidement que c'est vrai... et la suite ! Faut-il alors imposer d'autorité l'activité prévue à notre petite quémandeuse ? Elle risque de l'accomplir avec tant de mauvaise humeur qu'elle gâchera le travail des autres et qu'une fois de plus, elle repartira cabrée en jurant qu'on ne la comprend nulle part et qu'on n'est jamais libre de rien faire qui vous plaise. On peut aussi la laisser de côté. Ce n'est pas mieux ! Alors ? Toute solution est toujours boiteuse et insatisfaisante. Mais peut-être pourrait-on proposer à Mélanie de participer à l'activité de tous selon une modalité particulière : elle peindra certains éléments, ou encore elle en décorera certains, ou elle préparera le présentoir de l'objet fini ! Ainsi, elle ne sera pas exclue du groupe, elle se pliera à une discipline générale, mais on lui aura accordé de se servir de la peinture.

Il est possible que cela suffise pour aujourd'hui et que le problème soit ainsi momentanément résolu.

Mais il est bien possible aussi que cette solution relativement sage n'ait pas apporté de réelle solution. Car ce qui était sous la demande était peut-être tout autre : « Faites-moi faire de la peinture, c'est-à-dire autre chose que ce que vous avez prévu. Acceptez de tout changer pour moi, pour me faire plaisir. Quelqu'un qui est capable de tout changer pour moi, ça c'est quelqu'un qui m'aime. »

Le vrai problème est donc de savoir comment faire savoir à Mélanie qu'elle est aimée, et ce, sans lui donner à entendre que l'amour se mesure à l'écoute inconditionnelle de toute demande. Mais saurons-nous et pourrons-nous créer des lieux où l'enfant découvre que son éducateur du moins est avec lui, où les occasions de gronderie pourraient être moins fréquentes, moins harcelantes (telles les activités de jeu, de création) qu'elles ne le sont à la maison ; un lieu où les punitions n'existent pas ni les sanctions, contrairement à ce qui arrive souvent à l'école ? Essayons donc de créer pour l'enfant difficile et souvent rejeté un monde où il se sente soutenu, accueilli par quelqu'un qui est avec lui, à ses côtés, et qui l'aide à mieux vivre.

Magnifique tableau ! dira-t-on. Et on aura raison. Quelle vision idéale des choses, et quel écueil aussi ! Et on aura encore raison...

« Pour certains enfants difficiles, la relation mère-enfant s'est faite sous le signe d'un laisser-aller de l'amour maternel. Le nourrisson a reçu, cependant, suffisamment d'amour pour se différencier du monde extérieur, mais pas suffisamment pour remettre en cause son égocentrisme. L'absence de règles, d'interdictions, de freins, a entraîné l'enfant dans des exigences tyranniques, mobilisant ainsi tout son dynamisme dans le sens d'une réalisation immédiate des désirs. Cette augmentation massive de l'égocentrisme chez le jeune enfant paraît être doublée d'une insécurité importante.

Les schèmes sensori-moteurs sont majoritaires dans son comportement : il a sans cesse besoin de mouvement et vit le moment présent exigeant tout, tout de suite, sinon il casse tout. Il vit dans un monde d'illusion qui lui permet d'anticiper l'accomplissement futur de son désir : si son projet ne se réalise pas, sa rage est grande. Les "tout à l'heure", "demain", n'existent pas. »

Colette Fiatte, *L'adolescent dyssocial. Les avatars du narcissisme primaire.*

Etre ferme

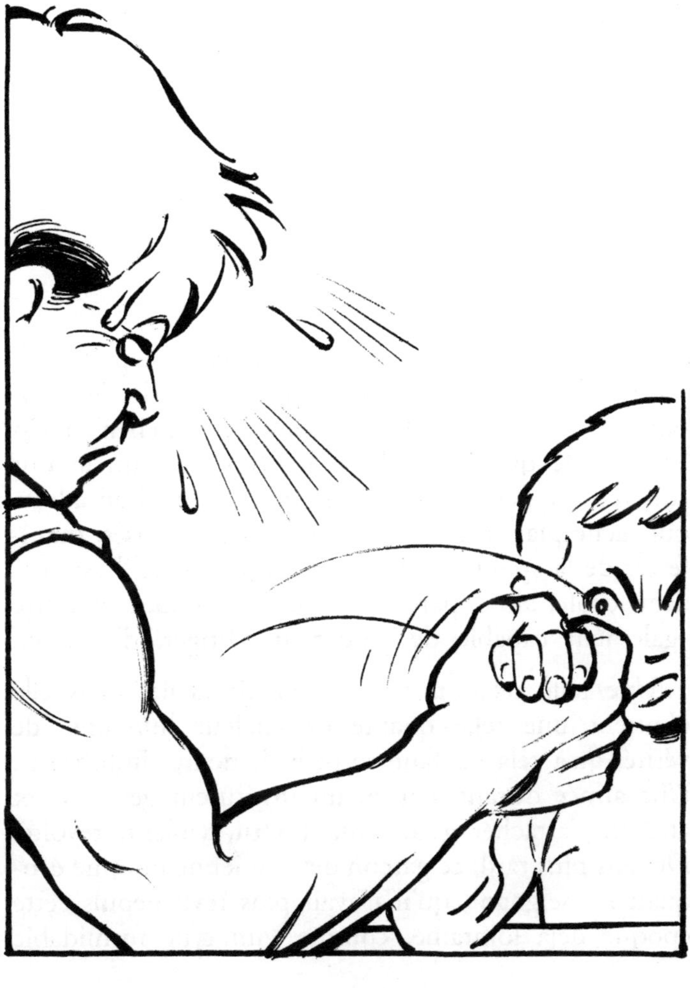

L'éducateur qui serait si parfait, si raisonnable, si peu passionné dans ses attitudes finirait par donner à l'enfant le sentiment qu'il n'est pas en face de quelqu'un de réel. Or c'est d'un amour concret que l'enfant a besoin ; de l'amour d'un adulte qui sache plaisanter avec lui, rire de ses bêtises, manifester de la spontanéité, lui dire à la fois qu'il est agaçant, drôle, aimé, pardonné, mais cet amour doit être également capable de guider, de diriger, d'imposer.

Une telle relation ne sera jamais facile, mais elle contient une telle qualité de chaleur humaine, de vérité, qu'à cela l'enfant ne peut demeurer indifférent. Une année durant, j'ai vu un instituteur généreux et attentif s'attacher à un enfant rétif, violent, révolté. Dix ans plus tard, ce garçon devenu jeune homme évoquait l'enseignant, qu'il n'avait plus revu depuis cette époque déjà lointaine, comme « un type formidable qu'il irait revoir quand il en aurait besoin ». Or ce « type formidable » maintenait toujours le cap, était ferme, représentait la loi. L'enfant ne s'y était pas trompé, qui, plus qu'un autre, avait besoin de cadre, de solidité, de fermeté, et plus qu'un autre pourtant les refusait.

Qu'ils soient passifs ou actifs, lents ou rapides, agressifs ou non, tous les enfants difficiles sont des enfants fragiles. Les faibles, ou apparemment faibles, ceux qui éprouvent quelque difficulté à s'organiser, à se mettre en route, ont besoin que nous leur tracions des cadres à l'intérieur desquels ils évolueront. Un emploi du temps, un ordre, le respect d'une habitude les libèrent.

Mais les « durs », ceux qui se rebellent contre toute autorité, que deviendraient-ils si toute autorité leur faisait défaut ? Eux aussi seraient perdus, à la fois parce qu'ils ne sauraient plus contre quoi dresser leur jeune révolte, et parce que leur personnalité, quoique violente, n'est pas encore suffisamment formée. Une discipline ferme leur est indispensable.

Du reste, ils méprisent le faible qui ne sait maintenir devant leurs assauts l'ordre donné, la règle choisie. Difficile équilibre, sans cesse compromis, sans cesse perdu, sans cesse renaissant pour être à nouveau renversé que celui nécessaire à l'éducateur : manifester l'amour sans jamais céder au chantage ; être ferme, savoir cadrer l'enfant, sans pour autant être pris dans le piège du pouvoir, dans celui du sadisme déguisé en autorité.

David vient réciter ses leçons devant Monsieur et Mademoiselle Murdstone.

« La seule vue de ces deux personnages me produit une telle impression que je sens s'échapper les mots que j'ai eu tant de mal à me mettre dans la tête. A propos, où ont-ils bien pu se sauver tous ces mots-là ?

Je tends un premier livre à ma mère. C'est une grammaire, à moins que ce ne soit une histoire ou une géographie. Je jette le regard d'un homme qui se noie sur la page ouverte et je commence à réciter à toute vitesse pendant que le passage est encore frais dans ma mémoire. Je bronche sur un mot. M. Murdstone lève les yeux. Je trébuche sur un autre. Miss Murdstone lève les yeux. Je rougis, bouscule une douzaine d'autres mots et m'arrête. »

Renvoyé à son livre, David essaie d'apprendre à nouveau.

« Je me sens de plus en plus sot. Cette fois, je culbute avant l'endroit critique, dans un passage que je savais parfaitement tout à l'heure, et je m'arrête pour réfléchir. Mais ce n'est pas à la leçon que je pense, je pense au nombre de mètres de dentelle qu'il a fallu pour confectionner la coiffure de Miss Murdstone, ou au prix de la robe de chambre de M. Murdstone, ou à d'autres problèmes aussi ridicules et qui ne me concernent pas. »

Charles Dickens, *David Copperfield.*

Donner son temps

> « La maîtresse elle explique
> tout très bien.
> La seule chose :
> elle ne nous aime pas...
> Mais alors, pas du tout ! »

Montrer à un enfant qu'on l'aime, malgré toutes ses incartades, lui imposer une discipline qu'il refuse spontanément et le conduire à accepter cette discipline après qu'il s'y fut plié (ou même s'il s'est révolté), tout ceci demande du temps.

Du temps ? Mais comment consacrer du temps à Jérôme quand Sébastien, Marion, Karine sont là ? Eux aussi ont besoin de moi, ils sont également uniques et réclament mon attention.

Si j'accepte d'entrer dans les chemins où m'entraîne l'enfant terrible, je ne pourrai plus m'occuper de qui que ce soit d'autre dans mon groupe. De plus, avec sa sensibilité bien particulière et son art d'accaparer, il me gardera : je ne pourrai plus lui échapper pour retourner au groupe. L'éducateur de bonne volonté est pris de vertige et on le comprend. Voici qu'il a envie de fuir ou de se boucher les oreilles, de « sauver sa peau », de se réfugier dans les bons principes, de quêter des recettes, d'exclure. Il se demande ce qu'il est venu faire « dans cette galère... ». Il eût été si simple de ne pas se poser de questions. Ou même de ne s'être jamais mêlé de prendre de telles responsabilités. De ne jamais les avoir acceptées. L'éducateur de bonne volonté, qu'il soit enseignant, animateur, maître, catéchiste ou animateur de groupe est en pleine crise ! Malheur à lui s'il se limite à colmater au lieu de se faire inventif ; à parer au plus pressé au lieu de s'asseoir et de se reprendre. Malheur à lui aussi s'il ne s'entretient pas avec ses semblables du problème de fond que pose l'enfant difficile, s'il ne peut écouter ce qu'éveille en lui le contact avec l'exigence de ces enfants, leur douleur, leur appel. Malheur à lui s'il ne veut pas entendre son propre doute et reconnaître les situations d'échec pour ce qu'elles sont ! Malheur à lui en un mot si pour donner son temps il n'en prend pas d'abord pour lui.

Il est vrai que ce malheureux éducateur ne sera jamais tout à fait adapté à son enfant inadapté ou mal adapté. Jamais il ne pourra être tout à fait content de ce qu'il a fait. Témoin ce que cette petite observation illustre.

Hugo sait d'un savoir obscur ce dont il a envie, et les points de fragilité de son animatrice. Et il en joue ! Dès l'arrivée dans la cour il va vers elle, l'aborde, lui raconte comment s'est déroulée sa semaine, lui parle de la classe et de la maison. Celle-ci, heureuse de le sentir s'apprivoiser, consacre à Hugo toute la liberté dont elle dispose jusqu'à l'heure de la rentrée. Mais bien vite, ce temps ne suffit plus à Hugo, qui occupe les récréations à lui parler de divers problèmes qui le préoccupent. Et celle-ci, naïve, consacre encore à Hugo le temps des récréations. Peu à peu, il investit tous les moments de liberté, et même invente des situations de plus en plus dramatiques pour être sûr de conserver l'intérêt qu'on lui témoigne.

Revenir en arrière est maintenant difficile sans faire souffrir Hugo. Continuer dans cette voie est également dangereux pour Hugo qui devient de plus en plus exigeant, de moins en moins adaptable. Il faudra donc, avec tact, réparer le mieux possible une erreur pédagogique qui eût pu être évitée si l'éducatrice, quelle qu'elle soit, s'était souvenue à temps qu'elle était celle de tout un groupe, et qu'elle avait mission à la fois de jouer un rôle d'écoute pour tout le groupe et un rôle d'aide particulière pour Hugo. Elle devait permettre à Hugo de s'exprimer et lui faire trouver sa place au milieu des autres. C'est ce deuxième terme qu'elle a oublié.

« Je n'ai qu'un seul souvenir de cette pension. Un jour, on trouva une petite fille enfermée dans un cagibi où l'on rangeait les balais. Elle y était restée plusieurs heures. Tout le monde affirma que c'était moi le coupable et exigea que je le reconnaisse : même si je ne l'avais pas fait par méchanceté, ou même si je l'avais fait sans savoir que c'était méchant de le faire, et à plus forte raison si je ne l'avais pas fait exprès, mais seulement par inadvertance en fermant à clé la porte sans savoir que j'étais en train d'enfermer la petite fille dans la pièce, il fallait que j'avoue : j'étais resté tout l'après-midi dans la salle de jeux (il me semble que c'était une pièce pas très grande, avec du lino par terre et trois fenêtres formant véranda) et j'étais par conséquent le seul à avoir pu enfermer la petite fille. Mais je savais très bien que je ne l'avais pas fait, ni exprès, ni pas exprès, et je refusai d'avouer. Je crois que je fus mis en quarantaine et que pendant plusieurs jours personne ne me parla. »

Georges Perec, *W ou le souvenir de l'enfance.*

La difficulté est donc réelle. Mais comment la résoudre ? Ici encore, pas de solution toute faite, mais quelques points fermes à ne pas négliger.

L'enfant difficile doit savoir qu'il intéresse ses éducateurs et que ceux-ci sont prêts à lui donner du temps et de l'attention. Lorsqu'il parle, il a toujours besoin de se savoir écouté. Mais jamais il ne doit accaparer entièrement l'adulte au détriment des autres enfants. Ceci dans l'intérêt de tous et dans son intérêt propre. Dans l'intérêt de l'éducateur aussi. Qu'un enfant du reste parvienne à mobiliser complètement l'attention et l'intérêt des éducateurs, il n'y trouvera pas nécessairement sa sécurité ; il sait en effet dès lors combien sa situation est précaire ; ce qu'il a été capable de faire, un autre, plus habile, saura peut-être le faire à son tour et ce serait cet autre alors que l'on regarderait à l'exclusion de tout le groupe. Voici pourquoi Hugo inventait mille histoires de plus en plus extraordinaires : pour être certain de se conserver intacte l'attention de son animatrice.

Pour la sécurité même de cet enfant, il faut donc à la fois une écoute authentique, et le souci permanent de lui faire découvrir qu'il n'est pas seul. Il a besoin de savoir qu'il est à la fois unique et membre d'un groupe, qu'il est aimé de manière entière et non pas exclusive.

Autant de conditions dont l'équilibre est difficile à maintenir, mais indispensable. Si l'animatrice de Hugo avait veillé à parler avec lui, et dans le même temps à interpeller ou écouter un autre enfant, si elle avait veillé à le conduire vers un groupe et à l'y introduire afin que tous deux soient parmi les autres, elle aurait certainement agi avec plus de prudence pour lui, pour les autres enfants, pour elle-même.

« Après les grandes vacances, il a fallu que je retourne à l'école. J'avais oublié l'école à cause des vacances qui sont longues quand on est un enfant. Je déteste l'école. Y faut se lever tôt. Ma manman me réveille en venant dans ma chambre et en me caressant la tête et puis en me tapotant les fesses (qui sont sous pougnougnou ma couverture) et puis elle s'approche tout près tout près de ma figure et elle chuchote : "Gil, mon chéri, c'est l'heure de se lever." Elle chuchote si doucement, si gentiment, je voudrais la tuer. Si seulement je pouvais avoir un réveille-matin ! »

Howard Buten, *Quand j'avais cinq ans, je m'ai tué.*

Susciter l'intérêt

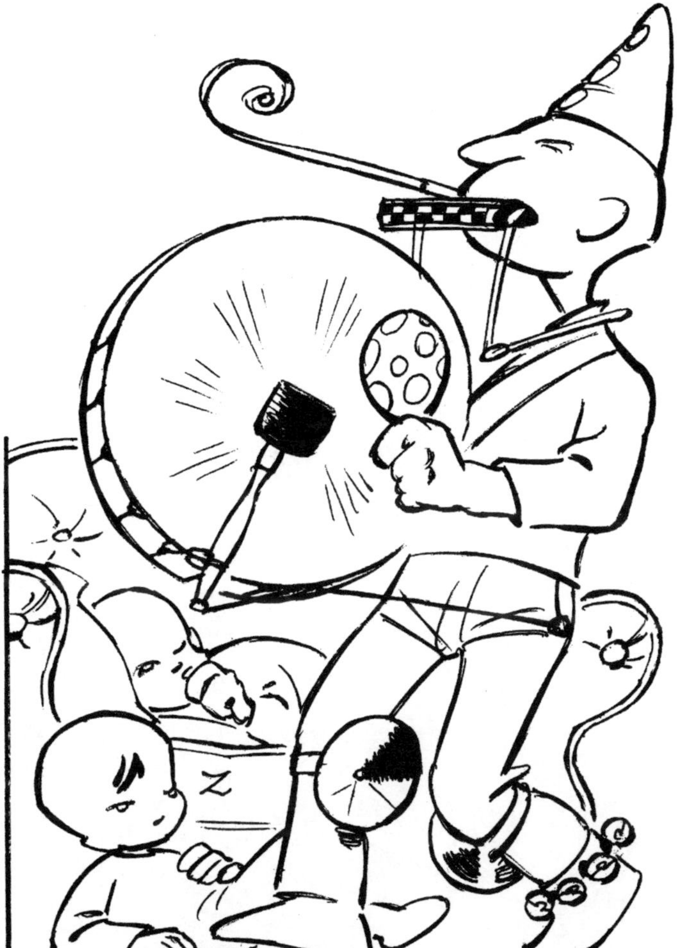

Aimer l'enfant et lui faire savoir qu'on l'aime ; être ferme avec lui et lui fournir cadre, discipline et autorité ; être à son écoute ; l'aider à tout moment à prendre sa place dans le groupe et l'épauler, voici quelques grandes lignes pédagogiques à observer dans nos relations avec les enfants difficiles.

Ces grandes lignes, si essentielles qu'elles soient, ne suffisent pourtant pas. En effet, à aucun moment nous n'avons évoqué la nécessité d'intéresser l'enfant. Et pourtant, cette exigence absolue de toute pédagogie demeure et même est renforcée dès qu'il s'agit de nos enfants instables, mal aimés, mal aimants, distraits, en qui s'accumulent les doutes et l'écœurement.

L'enseignant le sait, qui s'adresse ou doit s'adresser à la capacité de savoir ou d'apprendre de l'enfant. Mais il en va de même dans toute approche éducative qu'il s'agisse d'une activité ludique, culturelle, sportive, catéchétique ou artistique.

L'éducateur s'adresse et doit s'adresser à la fois au cœur, à la volonté de l'enfant mais aussi à son intelligence, à son adresse, à sa curiosité. L'intérêt suscité maintient l'intelligence en éveil, lui permet de progresser. Et ce progrès est d'autant plus vrai, d'autant plus profond qu'il découvre des zones fécondes de l'enfant.

Nous pouvons en effet capter l'esprit de l'enfant en racontant des histoires et il est d'excellents conteurs qui tiennent en éveil, calmes et attentifs, les enfants les plus instables pendant un long moment. Un match de football, une partie de pêche, un spectacle de télévision sont capables également de susciter un intérêt si vif que les enfants restent attentifs de très longs moments. Encore que l'on connaît la manie de zapper à la télévision, qui consterne tant d'adultes, alors que peut-être l'enfant zappeur exerce ses qualités de choix là où un autre demeure passif pendant que se déversent sur lui les images visuelles et sonores.

L'adulte enseignant, s'il ne captive pas l'enfant, ne capte pas son intérêt. Le « zapping » se fait alors sans qu'il le sache et l'enfant s'éloigne de lui, tel celui dont nous parle Prévert. Il est « dans la lune ». Il est ailleurs. Il nous faut donc être inventifs, à l'écoute des goûts et de l'expérience des enfants. Dans cette classe de musique, beaucoup sont étrangers : Turcs, Malgaches, Berbères, Yougoslaves, ce sont des « non-francophones ». Pour leur enseigner la musique telle qu'on peut l'enseigner dans un collège français, il faudra, d'abord, les aider à reconnaître leurs propres rythmes, les instruments de leur pays ; écouter ceux des autres ; écouter ceux du pays où ils vivent aujourd'hui ; s'interroger avec eux sur ce qu'est pour eux, pour d'autres, la musique. Ainsi pourront-ils aller plus loin, goûter un enseignement, s'en enrichir, apprendre.

En catéchèse il faut raconter. Le récit imagé est nécessaire. En même temps, se limiter à raconter serait bien fallacieux. De même que raconter pour tirer une sorte de morale, pour tirer une conclusion du récit est bien grossier ! Tout récit doit être significatif. Son rôle est peut-être d'éveiller l'intérêt ; mais l'intérêt éveillé doit être maintenu en activité.

> « Incapable de renoncer au paradis que malgré tout il croit encore éternel, il n'échappe au déchirement qu'en se réfugiant dans un monde plus docile à ses vœux, autrement dit en choisissant de rêver. C'est ainsi qu'il en vient à se raconter des histoires, ou plutôt une histoire qui n'est rien d'autre en fait qu'un arrangement tendancieux de la sienne, une fable biographique conçue tout exprès pour expliquer l'inexplicable honte d'être mal né, mal loti, mal aimé ; et qui lui donne encore le moyen de se plaindre, de se consoler et de se venger, dans un même mouvement de l'imagination où on ne sait ce qui l'emporte en fin de compte de la piété ou du reniement [2]. »

2. Marthe Robert, *Roman des origines et origines du roman.*

Entraînons donc les enfants à la réflexion. Posons des questions qui appellent à l'analyse et à l'approfondissement. Cherchons à susciter de la part des enfants l'envie de comprendre, le désir d'illustrer à leur tour ce qui a été dit.

Les enfants aiment souvent raconter : ce qu'ils ont vu, ce qu'ils ont lu, ce qui leur est arrivé, ce qui est arrivé à un membre de leur famille ou à un de leurs camarades. En utilisant leurs récits nous leur montrons que leur bavardage n'est pas verbiage, que nous savons en tenir compte, nous en servir pour le bien commun. Ils se découvrent par là même plus intéressants qu'ils n'auraient souvent cru, plus intéressés également qu'ils ne le prévoyaient, leur participation étant plus active et plus vraie.

« Moi, ma maman
m'a expliqué que j'ai pas de papa.
Enfin, un papa qui me connaît pas,
qu'elle connaît pas
et qu'on connaîtra jamais.
Alors je pense, je m'imagine,
je me raconte des choses... »

Provoqués à changer

On connaît la réponse de Freud à une mère qui lui demandait comment agir avec son enfant, pour faire au mieux bien sûr. « Ne vous inquiétez pas, Madame, ce sera toujours mal. » On connaît aussi la formule par laquelle il définissait l'éducation comme un métier impossible. Rassurons-nous, aux côtés de la psychanalyse que pourtant il ne cessa jamais de pratiquer. Et de l'art de gouverner !

J'aimerais en conclusion de ces pages pointer ce que ces deux boutades recèlent de sagesse.

L'éducation, une tâche impossible ? Oui. Certes. Et pourtant l'on s'attelle à cette tâche impossible. Et cahin-caha, en sachant que ce sera toujours mal – c'est-à-dire toujours imparfait, l'effort se poursuit. Qui plus est, sans inquiétude : « Ne vous inquiétez pas, Madame… »

Plus que tout autre enfant, l'enfant difficile nous provoque. Au découragement, au progrès, à l'approfondissement de ce qu'il est, de ce que nous sommes. Plus que tout autre il nous est occasion de dépaysement, de lassitude, d'échec. Il nous fait perdre tout repère, il nous frustre. En somme, il nous fait vivre ce qu'il vit lui-même. Et ce serait une erreur que de nous y soustraire. Bien au contraire, si plongeant avec lui dans ce qui est son mal réel sous le mal apparent nous ne perdons pas pied, alors nous vivrons aussi la joie de la recherche et de la découverte, la satisfaction d'une demi-réussite, le plaisir d'un début de succès. Dès lors nous risquons de pouvoir lui faire vivre ce que nous avons alors vécu nous-mêmes.

De cette espèce d'ascèse l'éducateur a des chances de sortir meilleur, ayant accompli son chemin, provoqué par l'enfant provocant et s'étant laissé provoquer. Cela suppose toutefois que l'éducateur ne se sente pas seul, qu'il ose échanger avec d'autres ses déboires, ses interrogations et ses découvertes. Cela suppose que ceux qui chargent de mission les éducateurs aient le souci de ceux-là dont ils sont responsables, qu'ils les soutiennent. Enfin cela suppose une communication de bonne qualité entre les diverses instances dans lesquelles évolue l'enfant, l'acceptation des limites de chacun, celle des qualités spécifiques de chacun.

Provocants ces enfants le sont donc – et c'est notre chance – à divers niveaux. Celui, intime, de la relation de chacun avec eux. Celui, sociétal, du monde où nous les faisons vivre et des micro-sociétés que nous pouvons leur offrir.

Bibliographie

Littérature

Christian BOBIN, *La merveille et l'obscur*, Venissieux, Editions Paroles d'Aube, 1996.

Marie BRANTÔME, *Avec tout ce qu'on a fait pour toi*, Editions du Seuil, 1995.

Howard BUTEN, *Quand j'avais cinq ans, je m'ai tué*, traduction de Jean-Pierre Carasso, Editions du Seuil, 1981.

COLETTE, *Sido*, Editions Hachette, 1961.

Carlo COLLODI, *Les aventures de Pinocchio*, Editions Le Livre de Poche Jeunesse, 1983.

Charles DICKENS, *David Copperfield*, Editions Hachette, 1995.

* Les titres accompagnés d'un astérisque sont d'un abord un peu plus difficile.

Marguerite DURAS, *Moderato cantabile*, Editions de Minuit, 1980.
François MAURIAC, *Le drôle*, in *Œuvres romanesques et théâtrales complètes*, tome III, Bibliothèque de la Pléiade, Editions Gallimard, 1981.
François MAURIAC, *Le sagouin*, Editions Plon, 1988.
Georges PEREC, *W ou le souvenir de l'enfance*, Editions Denoël, 1983.
Suzanne PROU, *Le cygne de Fanny*, Editions du Mercure de France, 1980.
Jean-Paul SARTRE, *Les mots*, Editions Gallimard/Folio, 1972.
La comtesse de SÉGUR, *Œuvres complètes*, Editions Robert Laffont, 1970.

Psychologie et psychanalyse

Jean-Marie BESSE et Marc FERRERO, *L'enfant et ses complexes*, Bruxelles, Editions Mardaga, 1988.
Bruno BETTELHEIM, *Evadés de la vie, quatre thérapies d'enfants affectivement perturbés**, Editions Fleurus, 1972.
Etty BUZYN, *Papa, maman, laissez-moi le temps de rêver*, Editions Albin Michel, 1995.
M.-B. CHICAUT, E. de LABARRIÈRE, N. FABRE, C. FIATTE, *Jeunes non conformes*, Desclée de Brouwer, 1990.
Mireille CIFALI, *L'infini éducatif: mise en perspective*. In *Les trois métiers impossibles**, Editions Les Belles Lettres, 1987.

Françoise DOLTO, *Lorsque l'enfant paraît*, tomes I, II, III, Editions du Seuil, 1977.
Françoise DOLTO, *Enfances*, Editions du Seuil, 1986.
Françoise DOLTO, *La cause des enfants*, Editions Pocket/Robert Laffont, 1995.
Paul EKMAN, *Pourquoi les enfants mentent*, Editions Rivages, 1991.
Jean EPSTEIN, *Des vertes et des pas mûres*, Editions Universitaires, 1990.
Colette FIATTE, *L'adolescent dyssocial. Les avatars du narcissisme primaire**, Editions Fleurus, 1987.
Sigmund FREUD, *Trois essais sur la théorie de la sexualité**, Editions Gallimard, 1989.
Hélène DE LEERSNYDER, *Laissez-les faire des bêtises*, Editions Robert Laffont, 1994.
Maud MANNONI, *L'enfant, sa « maladie » et les autres**, Editions du Seuil, 1974.
Alice MILLER, *C'est pour ton bien. Racines de la violence dans l'éducation de l'enfant**, Editions Aubier, 1984.
Sophie MORAILLON, *Si nos enfants parlaient*, Editions Universitaires, 1984.
Lilly PURVES, *Comment ne pas être une mère parfaite**, Editions Odile Jacob, 1994.
Marthe ROBERT, *Roman des origines et origines du roman**, Editions Bernard Grasset, 1972.
Oreste SAINT-DRÔME, *Comment cultiver son petit écolier*, Editions La Découverte, 1990.
Jacques SALOMÉ, *Papa, maman écoutez-moi vraiment*, Editions Albin Michel, 1991.
Jacques SALOMÉ, *Contes à guérir, contes à grandir*, Editions Albin Michel, 1993.

Gérard SÉVÉRIN, *Papa, maman, dites-moi pour de vrai*, Editions Albin Michel.
Caroline TRESCA, Pauline de JOUFFREY, *Folle Enfance. Le vilain petit canard*, Editions Hachette, 1995.
Donald W. WINNICOTT, *Conseil aux parents*, Editions Payot, 1995.

Films

L'argent de poche, François Truffaut (France), 1976.
Bienvenue dans l'âge ingrat, Todd Solondz (Etats-Unis), 1996.
La chambre tranquille, Rolf Le Heer (Australie), 1996.
La guerre des boutons, Yves Robert (France), 1961.
L'incompris, Luigi Comencini (Italie), 1967.
Kes, Ken Loach (Grande-Bretagne), 1970.
Louise l'insoumise, Charlotte Silvera (France), 1984.
Oliver Twist, David Lean (Grande-Bretagne), 1948.
Papa est en voyage d'affaires, Emir Kusturica (Yougoslavie), 1985.
Peppermint frieden, Marianne Rosenbaum (Allemagne), 1983.
La petite bande, Michel Deville et Gilles Perrault (France), 1982.
Zazie dans le métro, Louis Malle (France), 1959.

Table des matières

CHAPITRE II
Vraiment, ils sont trop difficiles !

CHAPITRE III
Que veulent-ils au juste ?

CHAPITRE IV
Comment leur répondre ?

Ouvrage composé par Tournai Graphic
et achevé d'imprimer en avril 1997
par l'Imprimerie France Quercy
N° d'impression : 70480 FF
N° d'édition : 97074
dépôt légal : mai 1997